播音主持理论与实践研究

孙建敏 著

北京工业大学出版社

图书在版编目（CIP）数据

播音主持理论与实践研究 / 孙建敏著． — 北京：北京工业大学出版社，2022.11
　　ISBN 978-7-5639-8498-5

　　Ⅰ．①播⋯　Ⅱ．①孙⋯　Ⅲ．①播音－语言艺术－研究 ②主持人－语言艺术－研究　Ⅳ．① G222.2

中国版本图书馆 CIP 数据核字（2022）第 186748 号

播音主持理论与实践研究
BOYIN ZHUCHI LILUN YU SHIJIAN YANJIU

著　　者：孙建敏
责任编辑：李　艳
封面设计：知更壹点
出版发行：北京工业大学出版社
　　　　　　（北京市朝阳区平乐园 100 号　邮编：100124）
　　　　　　010-67391722（传真）　bgdcbs@sina.com
经销单位：全国各地新华书店
承印单位：唐山市铭诚印刷有限公司
开　　本：710 毫米 ×1000 毫米　1/16
印　　张：11.25
字　　数：225 千字
版　　次：2023 年 4 月第 1 版
印　　次：2023 年 4 月第 1 次印刷
标准书号：ISBN 978-7-5639-8498-5
定　　价：72.00 元

版权所有　　翻印必究

（如发现印装质量问题，请寄本社发行部调换 010-67391106）

作者简介

孙建敏，男，中共党员，1988年11月生于河北省石家庄市，主任播音员（副高），硕士研究生导师，普通话一级甲等，省级普通话水平测试员。现为高校播音与主持艺术专任教师、中国人民解放军文工团主持人，主讲"播音主持语音与发声""播音主持艺术口语表达""英语节目主持艺术"等课程。参与著作、教材编写2部；发表CSSCI核心论文1篇，在国家级、省级期刊发表论文10余篇；获播音与主持艺术专业专利2项；主持甘肃省哲学社会科学规划项目"'短视频+'理论宣讲创新路径研究"，主持甘肃省教育科学"十四五"规划项目"新媒体背景下播音主持形象综合能力提升实施策略研究——以播音主持艺术人才培养为例"，主持中国管理科学研究院科研项目"广播电台有声读物发展思考"，主持、参与兰州市哲学社会科学规划项目3项。所获荣誉：2011年荣获黑龙江省第七届演讲口才大赛优秀指导教师奖；2012年为东北农业大学《奉献一片爱心，铸造无悔青春》专题片配音，荣获黑龙江省第四届优秀教育电视节目（专题类）一等奖；2019年获省级"优秀青年教师"称号；2021年荣获中央电视台大型电视文艺晚会奖。

前　言

作为对人们影响最显著的大众媒体，广播电视与网络媒体之所以可以发挥自身的社会价值，与播音主持有着密不可分的联系。播音主持不仅能够为广播电视以及网络发声，还能够提升广播电视以及网络的整体形象，从而极大地增强信息传播的效果。由此可见，播音主持的应用尤为关键，必须对其进行更深入的探究才能够对播音主持进行优化，使其更好地发挥作用。因此，本书首先对播音主持的相关理论内容进行分析，然后详细阐述了播音主持人的形象塑造方法，希望可以为相关工作人员提供参考。

全书共八章。第一章为绪论，主要阐述了播音主持的内涵与外延、播音与主持、播音主持工作的地位和价值等内容；第二章为播音主持事业的发展，主要阐述了广播播音主持事业的发展、电视播音主持事业的发展、网络播音主持事业的发展等内容；第三章为播音主持的创作分类，主要阐述了播音创作分类、主持创作分类等内容；第四章为播音主持的语体分类，主要阐述了谈话语体、报道语体、政论语体等内容；第五章为播音主持的语音发声，主要阐述了声、韵、调的规范发音，语流音变的标准表达，发声腔体的合理控制，情、声、气的完美融合等内容；第六章为播音主持的语言表达，主要阐述了创作依据的准备与思想、调动思想感情的方法、表达思想感情的方法、即兴口语表达的方法等内容；第七章为播音主持的艺术风格，主要阐述了播音语言的艺术特征、播音主持的艺术风格等内容；第八章为播音主持人的形象塑造，主要包括了播音主持人的形象概说、播音主持人的能力要求、塑造播音主持人形象的意义、播音主持人的形象塑造方法等内容。

笔者在撰写本书过程中借鉴和吸收了许多前人的研究成果，参考了大量的文献资料，在此谨向各位专家、学者和文献的原作者表示诚挚的谢意！

由于笔者的学识、时间和精力有限，书中难免有疏漏和不足之处，敬请各位专家、读者不吝赐教。

目 录

第一章 绪 论 ·· 1
   第一节 播音主持的内涵与外延 ·· 1
   第二节 播音与主持 ·· 21
   第三节 播音主持工作的地位和价值 ·· 22

第二章 播音主持事业的发展 ·· 25
   第一节 广播播音主持事业的发展 ·· 25
   第二节 电视播音主持事业的发展 ·· 29
   第三节 网络播音主持事业的发展 ·· 31

第三章 播音主持的创作分类 ·· 43
   第一节 播音创作分类 ··· 43
   第二节 主持创作分类 ··· 53

第四章 播音主持的语体分类 ·· 63
   第一节 谈话语体 ·· 63
   第二节 报道语体 ·· 72
   第三节 政论语体 ·· 74

第五章 播音主持的语音发声 ·· 76
   第一节 声、韵、调的规范发音 ··· 76
   第二节 语流音变的标准表达 ·· 81
   第三节 发声腔体的合理控制 ·· 88
   第四节 情、声、气的完美融合 ··· 97

第六章　播音主持的语言表达 ····················· 107
第一节　创作依据的准备与思想 ···················· 107
第二节　调动思想感情的方法 ····················· 111
第三节　表达思想感情的方法 ····················· 116
第四节　即兴口语表达的方法 ····················· 122

第七章　播音主持的艺术风格 ····················· 139
第一节　播音语言的艺术特征 ····················· 139
第二节　播音主持的艺术风格 ····················· 144

第八章　播音主持人的形象塑造 ···················· 153
第一节　播音主持人的形象概说 ···················· 153
第二节　播音主持人的能力要求 ···················· 157
第三节　塑造播音主持人形象的意义 ·················· 160
第四节　播音主持人的形象塑造方法 ·················· 162

参考文献 ···························· 170

第一章 绪 论

本章分为播音主持的内涵与外延、播音与主持的关系、播音主持工作的地位和价值三部分。

第一节 播音主持的内涵与外延

一、播音主持的内涵

（一）播音的内涵

"播音"是一个约定俗成的习惯性用语，目前，社会上、学界、业界等虽然都常常提到播音，但是对于"播音"这一符号的所指却有着不同的理解。一方面，社会上，特别是广播电视业界的通俗理解为：播音即播音员在广播电视节目中对照稿件进行一字不错的播报，它不允许有播音员个人观点的呈现，如央视《新闻联播》中的播音。另一方面，播音学界对于播音有着不同的看法。在我国播音学的奠基作品《中国播音学》一书中，我国播音学泰斗、前中国传媒大学播音主持艺术学院院长张颂教授认为，广义上，播音是指电台、电视台等传播媒介所进行的一切有声语言和副语言信息传播活动（包括各种声音、音响、音乐、语言、文字、图像等的传播）。例如，"中央人民广播电台现在开始播音""今天全天的播音到这里结束"等。狭义上，播音指播音员和主持人运用有声语言和副语言，通过广播、电视等传播媒介所进行的传播信息的创造性活动。然而，也有学者对此定义提出了质疑。例如，南京师范大学教授、博士生导师毕一鸣在《语言与传播》中提出，广播电视播音是指在话筒前进行的有声语言创作活动。它没有职业身份的限制，所以无论是播音员还是主持人，也不管是记者还是编辑，他们在广播、电视中所使用的有声语言传播手段都属于播音（播出声音）的概念。

鉴于业界与学界的定义之间存在差别，以及学界对于播音概念的争议，总结起来，播音指广播电视节目中，传播主体在话筒前使用的有声语言传播手段。简而言之，播音就是播出人声。其内涵有如下几点：首先，播音的主体不只是播音员，它不受身份的限制，亦包括主持人、出镜记者等。《广播电视简明词典》对"播音"这个词的解释为"广播电台、电视台由播音员、节目主持人、编辑记者在各类节目中面向听众、观众直接传达信息的有声语言活动"。在这里需要注意的是，由于对播音主体的身份不做限定，那么，现场观众、采访对象等在广播电视前进行有声语言的传播也是播的范畴。其次，播音主要是指播出有声语言的过程。按照张颂教授的定义，播音还包含着动作、神态等副语言。但既然是播"音"，那么就应当排除声音以外的诸如动作、神态等因素，而只包含传播主体的有声语言，故本书所指的播音手段只包含有声语言而不包含副语言。

1. 有声艺术语言的表达

在播音的语言艺术观指导下，播音具有新闻属性、传播属性、艺术属性、美学属性。下面我们从艺术属性、美学属性出发来探讨播音的整个创作活动，包括创作主体以及创作技巧等播音整体创作活动。因此，播音创作审美空间是以播音的艺术属性、美学属性为基点进行的整体构想。从艺术创作的角度来说，播音具有创造性和再创造性的双重属性、创作素材的二度性、创作对象的虚拟性、情感表达的真实性等特征。从美学的角度来说，由于创作主体的个体差异性以及审美个性的不同，会产生不同的审美效果。另外，创作技巧的美学运用也是播音创作是否具有美感的重要影响因素。总体来说，播音创作具有音美、意美、韵美等特性，这些特性和播音创作的创作技巧、创作规律息息相关。播音作为一项艺术创作活动，从审美感受到审美表达，从审美情感引发到审美表现，必然要运用艺术创作的技巧、遵循美学的规律。

播音作为有声语言艺术，不仅具有一般艺术创作的规律，同时也具有其自身的特殊规律，既包含有声语言表达的科学规律，又包含了更深层次的美学规律。这些规律的存在和延伸或直接或间接地丰富了播音创作审美空间建构中对美的规律的研究。有学者对播音的基本表达规律进行了总结，这种具有科学性的规律背后暗含了美学意义。我们可以将思维反应律和词语感受律列入播音创作的"审美意识"中，将对比推进律、情声和谐律、呼吸自如律和自我调节律列入"整体和谐"的美学意义中去。思维反应律和词语感受律更倾向于播音创作主体的内在的

第一章 绪 论

审美感受，思维反应律将思维由感性认识上升到理性认识；词语感受律作为一种心理上的审美内在体验，是将文字、词语等表象符号，"感之于外"的基础审美活动，创作主体发挥形象思维的想象力和创造力，对词语进行形象感受、精准表达。而对比推进律、情声和谐律、呼吸自如律和自我调节律则更倾向于外在的审美表达。对比推进律体现着不同感受、态度、情感色彩、分量以及声音形式呈现的对比变化和有声语言的态势走向，具有推动有声语言富有美感的驾驭能力，推动、对比使有声语言具有生命力。情声和谐律是丰富的情感与多变的声音主次关系的体现，在有声语言传播过程中要以情传声。情声和谐是包含"情动于衷"的内在美的营造和"声发于外"的外在美的传达的基本规律，"情取其高，声取其中"是情声和谐的直观体现，也暗含了有声语言表达"中和之美"的美学思想。呼吸自如律是情声和谐律的基础，自如、舒适地呼吸以表情达意为根本，也是使声音富有美学变化和色彩的基础，对呼吸的控制也讲求"适度"。

自我调节律是以上所有创作规律的统帅，它贯穿于整个播音活动中，包括对内部技巧和外部技巧的调节、生理与心理的调节、气息与声音的调节、情感与技巧的调节、主体与对象的调节等，也是一个不断发现不和谐、消除不和谐，最终走向和谐的创作过程。以上看似互相独立的六大规律，都是在播音审美空间的呈现下相互配合、运转、调节，实际上也是和谐、圆融的审美特性、创作审美规律的体现。

从本质上来说，播音是一种时间艺术，通过节奏流转以声音的形式呈现，是一种声音的艺术。时间艺术如何营造出空间美感，是需要我们重点思考的问题，也是播音审美空间营造研究的重点和讨论的问题。中国审美化的宇宙意识也是在时间节奏化为空间方位的过程中产生的。没有纯粹的时间艺术，也没有纯粹的空间艺术，"气韵生动"的时间艺术中包含了对空间的展现，"充满生命力"的空间艺术中也充满了时间的律动。对艺术作品的审美也要遵循化时间为空间的审美心理，只有在这种时间与空间的关系中转换，艺术才能突破时空的界限。

声音与空间相互作用最容易撩拨人们的情感，制造出一种特别的气氛。将"气氛"纳入了新美学的范畴，这种由声音营造的"气氛"，和我们传统美学中所讲的"意境""审美空间"具有异曲同工之妙。播音如何变为艺术？重在创作，其本质就是进行有声化的艺术创作。中国传媒大学教授侯亚光率先提出了"创作气场"的概念，他认为气场是播音者与作品之融合态在宇宙和心灵的多维空间内，由播音者展开的创作场。之后又提出了"创作声场"的概念，即创作者将已与自身融为一体的创作内容，经气场内养、由声音外化，作用于受众生理和心理的时

3

空场、展示场。它是声学的，同时也是心理的和美学的，它亦情、亦理、亦趣。不论谈及的是"创作声场"还是"创作气场"，实际上讲的就是"空间感"，都已经将有声语言创作化为一种独特的时空艺术，形成了一种"审美空间场"。张颂从语言发生学的角度提出，有声语言具有三个"空间性质"。语言的生存空间是语言规范空间的基础，语言规范空间是语言生存空间的发展，有声语言进入了审美空间，才可以说是真正进入了艺术创作，展现审美形态。这里的审美空间包含历史深度和哲学高度，完全可以做到从心所欲而不逾矩。

有声语言艺术的音美、意美、情美只有实现"辞达"，方可使有声语言进入美的境地。张颂的"三重空间"理论说明，有声语言艺术确实具有建构审美空间的可能性和研究价值。播音艺术既有的研究成果表明，有声语言艺术的空间层面是研究的重要维度，从美学角度关注空间营造将加深播音创作的理论深度，并可在理论与实践中架设桥梁，实现播音艺术创作理论体系的圆融。综上，播音是有声语言艺术的类属，也是时间艺术，具有时间性质，同时具有空间性质，具有时空转换的可能。

2. 有声语言和有声语言传播

我们日常所提到的"语言"，大部分可分为"书面语"和"口语"两大类，它们各有特点、不尽相同。书面语常见于文字书写之中，通过思维整合后往往中规中矩、完整精辟，但又过于死板、不够灵活，甚至晦涩难懂，不利于实现更好的听觉接受；口语则指平时生活中的口头表达，虽平易近人、易于理解，但其相较于书面语而言，又过于生活日常、琐碎随意，不免主题不明、啰唆、缺乏内涵。而"有声语言"则各取所长，既包括了日常的口语表达，也包括了书面文字的"音声化"。它不仅可以通过思维逻辑使口头语言精练外化，还可以通过二度创作将书面用语变得更易于理解、接受，从而使表达锦上添花。

有声语言传播所研究的重要领域是"有声语言"，它将"新闻性"作为立根之本，同时其"艺术性"又不可或缺，将"语言"作为创作载体，又通过"文学"的熏陶和感染来提升其品味，夯实文化的根基，最终再结合"哲学"的关照使其上升到"美学"的高度。它立足于广播电视大众传播的语境，但又能充分发挥自我传播、人际传播的优势，并通过去粗取精、去伪存真的创作过程提升语言的品质；虽然它具有语言文字的工具属性，但又能在"音声化"的过程中赋予有声语言生命的活力、思想的力量，使其具有"人性"的蕴藉和"文化"的灵魂；虽然它具有艺术表现的属性，但又必须严格遵循大众传播规律，在新闻真实性原则的制约下展开一系列艺术创作活动；虽然它将美学和哲学作为精神归属，但又不会专门去深入研究相关的学科领域，而是借助其学科的内涵真实地表达创作者对生命和价值观的凝视，以及进行全面的美学尺度的把控。

（二）主持的内涵

"主持"一词是由外国引进的，其外延与内涵都较为模糊。而从汉语语词的概念中我们得到的解释是，主持，就是掌管。最早见于《孟子·万章上》，是指"主事而事治"。然而，翻阅诸多广播电视、播音主持相关书籍，都没有对于"主持"的准确定义，学界也未能就此达成共识。

在此，综合社会上约定俗成的理解和学界对此概念的运用，本书认为主持是指"在话筒前掌控、驾驭广播电视节目的活动"。有几点需要格外注意：首先，进行主持活动的主体并不仅仅限于以主持为职业的人，任何职业的人只要在话筒前掌控、驾驭广播电视节目，那么他此刻所从事的活动就是主持活动。例如，某一歌手在《我是歌手》节目中于话筒前控制着节目的进行、停止，那么，他此刻就是在从事主持活动。其次，主持这一活动运用到的手段相当丰富多样，包括有声语言、非语言（如表情、动作等）等。

二、播音主持的外延

（一）播音的外延

播音，简言之，即播出人声。主持人播音，说得更通俗一些，就是主持人在话筒前说话。既然是说话，那么，说些什么、怎么说，就是需要我们仔细研究的内容。美国语言学家、社会学家沃尔特·翁（Walter Ong）的最新研究成果表明，人类语言的最初形态是"原生口语文化"形态，在那个漫长的时代里，人们将生活的经验、故事等以口耳相传的方式进行传递和保存，那时人们语言的全部依据都来自实实在在的生活实践；而当文字出现之后，特别是印刷术出现后，人们则更倾向于使用书面文字来传递和保存信息，于是，大量的文字信息成为人们语言表达的依据。随着人类语言由"原生口语文化"到"书面文化"的转化，人类话语方式的来源也就分化成了两个方面：一种是直接的生活信息，另一种是间接的文字信息。也就是说，人类的语言分为两种形式，一种是由内部语言外化为有声语言，保有语言的原生状态，或闲言碎语，或出口成章；另一种是由文字语言转化为有声语言，处于经过字斟句酌的语言新生状态，或读文转述，或吟咏成诵。

因而，人类的语言表达能力也就分化成了从牙牙学语孕育出的口语交流能力和从读书识字习得的文字语言表达能力。主持人的播音过程是主持人进行的有声语言传播活动，其语言作为人类话语方式的一种，必然也遵循着人类语言的一般规律，其表达依据也必然源于生活信息和文字信息两类。生活信息与主持人的个人生活经历、实践有关，是其直接生活经验的内化；文字信息与主持人的阅读有关，是其间接阅读经验的积累。

有稿播音与无稿播音首次正式被区分是在张颂教授的《中国播音学》一书中，这一创造性概念的提出可以帮助传媒工作者从创作依据上进一步考察创作过程中的共性与个性。"语言的组织和转化"是区分有稿播音与无稿播音的最重要的依据，该书指出有稿播音更注重转化，而无稿播音更注重生成。不仅如此，该书还提出被如今传媒工作者们奉为圭臬的要求——"无稿播音出口成章，有稿播音锦上添花"。

有稿播音工作以新闻播报、纪录片及专题片配音为主；而无稿播音则以即兴报道、互动访谈、娱乐节目主持、体育竞赛解说等无详细文字稿件的播音主持工作为主。

1. 有稿播音

（1）有稿播音的定义

在广播电视的实践过程中，无论国外、国内，过去、现在还是未来，都存在这样一种播音形式：播音员依照编辑、记者或其他人所撰写的稿件进行播报，将书面的文字转化为有声语言播出。这样的播音形式，其语言依据是间接的文字信息，而长期形成的这种播音形式，我们称之为"有稿播音"。有稿播音的实践丰富而重要，特别是在我国，长期以来，广播电视采用"三级审稿"制度，编辑记者将传播内容撰写为稿件，上交上级领导审阅，审阅通过后再交由播音员播出。在这样的制度下，有稿播音理所当然地成了我国播音中最主要的方式。人们所熟悉的央视《新闻联播》是有稿播音中的典型代表。

当前，在播音主持界出现了一种声音，认为播读稿件、有稿播音是一种落后的、不符合社会发展潮流的播音方法，认为需要摒弃，甚至对其嗤之以鼻。然而，我们应该看到，文字信息是人类语言的重要来源之一，这是人类语言发展的内在规律，那么与之对应，由文字信息派生出的有稿播音也是符合人类语言发展规律的，它的存在是合理且必需的。即便像美国这样媒介高度发达的国家，也存在着依据稿件进行播音的形式。无论是从理论还是实践上，我们都无须质疑有稿播音存在的合理性。

（2）有稿播音的特点

有稿播音不是播音员机械性地"念稿"，而是在稿件文字的基础上，在播音过程中加入自身感情和理解而进行的二度创作，因其创作内涵，有稿播音有着自身独特的创作规律。因此，进行有稿播音艺术创作的第一步，便是认真细致地备稿。有稿播音强调对文字稿件的理解，没有理解便没有表达。

所以备稿应该包含两方面意思：广义备稿和狭义备稿。其中，广义备稿是指广播电视传播工作者不断学习新知识充实自己的思想，提升自己的素质。作为紧贴群众生活的公众人物，播音员不仅需要有较高的政治觉悟和理论水平，也应该具有较为丰富的生活体验和深厚艺术修养，还应该具有较广博的知识和较熟练的播音技巧，以播出不同文体、不同类型的稿件。而狭义备稿，简单来说就是指播音前具体的准备过程。

比如《新闻联播》，就是广播电视创作中难度最大、要求最高的有声语言传播节目。这类节目不仅要求播音员知识面广、语言功底扎实，也要求他们有着很强的心理素质。有稿播音绝不是单纯地"念字"，加强创造意识，挖掘文字背后的内容，再融合播音员拥有的知识背景，才是正确的创作方向。有稿播音是播音员将成熟稿件进行二次创作后传递给受众的艺术创作过程，播音员要想向受众传递信息，需要通过备稿六步（划分层次、概括主题、联系背景、明确目的、找出重点、确定基调）吃透稿件内容，体悟内部思想感情，再通过内部技巧（情景再现、内在语、对象感）感受稿件中包含的逻辑与情感，最后通过播音的外部技巧（停连、重音、语气、节奏）将自身对于稿件的理解转化为清晰、生动、形象的语言，传递给受众。经过了"三级审稿"之后的稿件已经足够成熟，所以播音员在播音过程中会将更多的精力投入稿件的内部信息挖掘上，进而转化为易理解的有声语言，达到传递稿件内容的目的。

2. 无稿播音

（1）无稿播音的定义

随着广播电视的发展，国内外都出现了一些与传统有稿播音不同的新的播音形式，例如，与嘉宾即时对话的主持人访谈、对突发状况的现场报道、操控全场的娱乐节目等。这些节目中播音员主持人的工作已经不再是依据已有稿件进行播报，传统的有稿播音理论也已经解释、指导不了这样的播音实践。针对这些新的播音形式，学界提出了无稿播音的概念，即"基本不依据稿件的播音形式"。

与有稿播音不同，无稿播音没有了稿件的依托，它的语言不再源于文字信息，而是源自主持人内化了的生活信息。这样的播音形式与人类语言的内在发展规律是相符和一致的。基于"无稿播音"的理论合理性和现实必要性，我们可以确认，无稿播音是亟待我们去仔细研究、发展的重要播音形式。

（2）无稿播音的特点

首先，无稿播音在播音前的积累准备具有实践性。播音界常说"有稿播音，锦上添花""无稿播音，出口成章"。这个"出口成章"绝不是不经思考的胡言乱语，而是在节目所规定的范围内系统准确地组织语言内容。这不仅要求播音工作者有一定的语言功力，还应该具备较强的形象思维和逻辑思维能力、敏锐的观察力以及较强的临场应变能力。

其次，无稿播音在将文字转化为有声语言过程中具有拓展性。其有声语言的创作依据只是"腹稿"，这种"即兴性"创作对于播音员的临场反应能力要求较高，如何将内部语言通过符合逻辑的语流转化为外部语言，可以说是无稿播音的难点了。

最后，无稿播音在表达过程中针对不同情况而表现出随机性。无稿播音的口头语言可以分为独白性口语和对话性口语。独白性口语是主持人独自且较长时间进行念白的口语活动；而对话性口语则更为简单，是主持人与他人进行交谈对话的口语活动。在独白性口语中，语言的内在逻辑和感情色彩是观众关注的焦点。而对话性口语在双方交谈、有问有答的过程中，讲究的是谈话气氛的热烈活泼，对于话语中的语法逻辑没有太高的要求。无稿播音没有固定的文字稿件限制，其语言的表达依据更多源于主持人对于节目内涵进行内化后的自我理解，而这种播音形式也符合人类语言内在的发展规律。

（二）主持的外延

1.新闻类节目主持

（1）电视新闻故事类节目

电视新闻故事类节目即用讲故事的方式呈现新闻事件的电视节目。相较于电视新闻，故事类新闻更显亲切和亲民，不仅呈现给观众结果，还有故事情节发展的起因、经过、高潮和结尾。

电视新闻故事化缘起于纪录片。20世纪90年代初，曾任中国电视艺术家协会纪录片协会会长的陈汉元提出国内纪录片要学会"讲故事"，为纪录片的创作打开新的大门。电视新闻借鉴了纪录片讲故事的方式，将"讲故事"技巧运用到电视新闻中，从此新闻故事的报道方式渐行渐近。但是新闻故事化并非中国电视新闻业的创举，只能算是迟到的醒悟和快速跟进，是对新闻传播规律的"补课"。

第一章 绪 论

由此可见，故事类新闻要遵循新闻的创作原则和真实性、及时性的传播特点。

表达样式准确、态度真诚谦和。电视新闻故事类节目表达样式的选取要根据节目内容和节目定位综合考虑。电视新闻的表达样式有三种，分别是宣读式、播报式和谈话式，这三种样式的产生来源于稿件的思想内容、稿件语体、节目形态和节目风格。宣读式适用于某些特殊题材，"郑重宣告"是这种样式的特点，宣读的稿件不允许做口语化处理，它的规范性要求最高。虽然宣读式在日常电视新闻中出现率并不高，但是它对口腔控制、气息控制、声音控制等方面要求最严格。播讲式是最常见的一种表达方式，也被称为播报式，是一种介于口语和宣读之间的语言样式。播讲式的特点是既不失庄重感又亲切自然，它的使用范围非常广泛，绝大部分电视新闻采用这种表达样式。谈话式又叫说新闻聊新闻，口语化、交流感是这种样式的特点，适用于篇幅不宜过长的知识性、趣味性、生活类的稿件。这三种样式虽然有明显的区别，但是没有严格的界限，在实际的播出中可以穿插进行。电视新闻故事类节目的语言应该具有分寸感、交流感、互动感。例如，凤凰卫视《文涛拍案》"说书式"的表达样式，从形式上说，对语气、节奏、基调等的把握比较夸张，带有演绎的成分；从内容上说，节目大多表达的是有年代历史感的故事，故事发生时间与现代相去甚远。当节目内容涉及民生民情、热点话题、道德法律时，这样的节目内容就不适合"说书式"的表达样式。电视新闻故事类节目的表达样式要符合节目定位，例如，一个很好的话题节目主持人，由于习惯了"一对一"交流方式，纵使主持人的思维再敏捷，交流互动感多么自然，但是，如果让他主持大型的综艺节目未必就能驾轻就熟。又如，让一向以语言组织能力强、新闻敏感性强的白岩松主持春节联欢晚会，恐怕也是不能立即胜任的。

内容通俗易懂、语言生动灵活。电视新闻稿件兼有书面语言准确精练、言简意赅的特点和口语短句较多、"适合听"的特点，总体的表达要求语言准确规范、大气、自然、流畅，能够忠实传达稿件内容。电视新闻故事类节目脱胎于电视新闻节目，除了具有电视新闻的一般特点外，加入了故事化处理的叙事策略，通过增加悬念、戏剧冲突将新闻呈现得更加生动，让普通百姓更加乐于观看。电视新闻故事类节目内容通俗易懂、主持语言生动灵活，体现在以下几点。

第一，短句、口语词汇较多，口语色彩较浓。说新闻这种表达方式比较明显地体现了日常说话交流、聊天的特点，相较于规范播报的端庄大气、稳健有力，其优点是亲切自然、语言灵活、交流感强、相对随便，与观众的距离更近。因此，电视新闻故事类节目的口语色彩比较浓厚，句子较短，短句和口语词汇居多。

第二，语言多采用修辞手段，日常口语也在其中。幽默的语言可以使故事讲得生动有趣，时不时冒出的通俗俚语和日常口语也可以拉近与观众的距离。但是，要避免口语中的杂质，如果说得过于草率，超过了电视新闻所能包容的尺度，新闻的准确、简洁、鲜明滑向了模糊、啰唆、庸俗，将有悖于新闻的真实与客观特征。

第三，在镜头前状态方面，具有比较鲜明的"拟态交流"特征，主持人的播讲愿望强烈，与观众的交流感增强，态度也更鲜明。能够用"说"的方式进行传播的新闻一般比较轻松、贴近生活，新闻事件多为社会新闻、民生新闻等，强烈真实的体验感让新闻里蕴含的思想、情感比较容易被主持人感悟到，主持人的善解人意、善解社会意的"情"被最大限度地激发，使声音的驾驭和气息的调配互相渗透、互相依赖和互相融入，完成一个充满变化又和谐统一的发展过程。在明确了电视新闻故事类节目的表达样式、语言特点之后，毕业作品《新闻有故事》结合"说新闻"的表达特点，节目开始主持人演播室出境、提出问题带动交流感，用略带悬念的故事开场将观众带入节目，并引出新闻中的代表"快"的主人公火车司机韩军甲和代表"慢"的普通车长阿西阿呷。在策划过程中，主持人根据新闻稿件内容尽量口语化，新闻呈现跌宕起伏，挖掘多处观众共情点，多提出问题互动点，同时适当地加入人文关怀话语和评论话语。

（2）新闻评论类节目

《新闻传播学大辞典》从节目形态的角度对电视新闻评论类节目进行了解释，认为这是一种设立了主持人这一角色的，节目中包括了新闻资讯、调查、采访与评论等多种形态的电视节目。借助《新闻传播学大辞典》对其的定义，我们对电视新闻评论类节目主持人下的定义是：串联起新闻资讯、新闻报道、新闻访谈等节目形态的广播电视节目的人。由于节目受众对新闻信息的渴求，传统的报刊式评论已经无法满足当下受众的需求，在这样的特殊情况下，电视新闻评论类节目主持人登上了历史的舞台。根据节目形态和节目表现形式的不同，电视新闻节目又分为消息类新闻节目、专题类新闻节目、评论类新闻节目等。传统的消息类节目仍以消息类的新闻播报为节目的主要内容，主持人在其中主要肩负着播报新闻消息的任务，如央视的《新闻直播间》《晚间新闻》等。在广播电视改革的进程中，消息类节目也从报道的形式、播出的内容等方面进行变革，在直播的过程中增加与记者的连线、进行演播室的专访，以保证节目的针对性与现场性，同时提升了节目的可看性。杂志型新闻评论类节目是在借助杂志编排形式的基础上，用不同的板块及栏目来表现节目的一种节目形态，如央视的《新闻周刊》、江西卫视的《杂志天下》等。与消息类的节目不同，这一类型的节目具有可评可述的特点。因而，主持人在其中扮演的角色就十分重要，主持人独特的见解与表达是节目发挥其引导舆论作用的保证。专题型新闻评论类节目，是对新闻事件的发生与发展顺序进行深入的分析、解释与评价的节目，如央视的《新闻调查》《新闻1+1》等。《新闻1+1》节目创办于2008年3月，是央视的一档时事新闻评论类节目。节目突破了原有的新闻播报范式，先是采取"1+1"即一位主持人与一位新闻评论员的双人谈话方式，之后发展为一位主持人的"新闻＋评论"模式，主持人主要为白岩松和董倩。节目深入触及了国计民生领域的敏感议题，充分发挥了图像评论的功能，追求新闻的精度、纯度和锐度，得到了受众的广泛认可。而以白岩松等为代表的节目主持人更是以其独到睿智的见解、亲切随和的人格魅力成为节目中一道亮丽的风景线，赢得了受众的一致好评。在这一类型的节目中，主持人在其中扮演的角色更为重要，主持人要参与新闻事件的报道与调查，在节目进行过程中，不仅要对新闻事件的背景进行阐释，还要对此事件做出深刻且到位的评价。从我国电视新闻评论类节目的发展趋势来看，无论是哪种类型的电视新闻评论类节目主持人，其所具备的素质应当是一致的。主持人不仅仅是信息的传输者，更是意见性信息的传递者，其应当参与节目的采编环节，以符合受众对节目主持人的"角色期待"，从而更好地获得理想的传播效果。

我们常常把主持人视为信息的传播者，但从表达这个层面来看，主持人也应该是语言表达的实践者。新闻节目主持人要有较强的新闻敏感性，对新闻事件有自己的判断与态度。除此之外，主持人还应当用恰当的语言将这些意见性信息表现出来，传递给受众。在电视新闻评论类节目中，如果主持人对评论性语言即言论能够把握到位，将直接帮助主持人更好地获得理想的传播效果。

第一，事实即评论。在节目进行过程中，如果主持人对事实性新闻传递得不够，就容易导致受众在接受信息之后得出片面的或者错误的结论。在传播过程当中，主持人不一定需要义正词严地将结论全部说出来。在一些情况下，如果主持人的意见性言论太空泛，会被受众视为说空话，这样的做法反而会影响传播效果。因此，主持人可以在节目进程中多传递与事实相关的信息，让受众在获取信息的过程中形成自己的判断，这种传播方式比单纯说教的形式效果会更好。"事实即评论"，其重要性就在于信息累积的质量。主持人对事实阐释得越充分，其冲击力也越大，对新闻事件的主题阐释也就越强，也更能够发人深省。中央广播电视总台的《东方时空》节目中的几位节目主持人就善于处理事实与评述之间的关系。在传播过程中,"我说"是必不可少的,但其原则应当是少而精;"事实说"是主要的,比起"我说"而言,它更能提高信息的可信度,从而起到润物细无声的作用。

第二,提问即评论。节目主持人在节目中传递事实,将对新闻事件的判断权交给受众,这无疑增强了节目的传播效果,同时也增强了主持人的评论效果。评论是指批评与议论,但这并不意味着只有议论性的语言才能被称为言论。从另一个方面来看,主持人在对话新闻人物或嘉宾时,对被访谈对象的提问也能够体现出评论的色彩,这就是"提问即评论"。在节目进行过程中,主持人可以适当减少评论性的语言,通过提问形式来展现评论的意图。以《时事新观察》中的语言为例,主持人在与嘉宾连线时问了以下几个问题:"你的手机里有这样的适老版APP吗?""你会倾向于使用哪种版本?为什么?""你如何看待越来越多的年轻人使用适老版APP这样的现象?""标准版的手机应用是否应当做出转变?如何转变?"在这段对话中,主持人看似并未表达议论性的语言,但观众在看完这段内容后,内心对新闻事件已经有了直观的认识,有了自身对事件的观念和态度,而这种传播形式显然已经达到了与主持人的直接评论相对等的传播效果。

第三,角度、组合即评论。由于自身所处的环境以及个人身份的不同,观众在接触到一个新闻事件时,所关注的角度往往是不一样的。若观众从不同的角度看待一件事,其得出的结论也是不一样的。因此,角度本身就构成了评论的表达,这就是"角度即评论"。在节目进行的过程中,主持人往往会对新闻事件进行详尽剖析,给受众提供多种看待问题的角度,从而引导受众总结出对这一新闻事件的看法和结论。《时事新观察》的"热点"板块关注了东莞市一个孩子申请为环卫工母亲点亮路灯事件。对于这一新闻事件,不同角色的人从不同的角度会有不同的看法。从家庭关系的角度来看,这体现了孩子对母亲的爱与尊重;从执法角度来看,这体现了城管人员执法为民的态度。最终,主持人将视角放置到了城市与居民关系这个层面,以小见大,提出一个新的角度。"组合即评论"指主持人将同一新闻类型中的新闻事件进行叠加,从而呈现出的"1+1大于2"的效果。在节目中,主持人阐释或评述相关事件时,引用之前已经发生过的新闻事件进行佐证,能更好地收到理想传播效果。《新闻1+1》就善于将多种新闻事实进行组合,尤其是对一些不同时期颁布的政策性文件进行解读,通过发现政策文件的不同来达到评论的效果。

2. 综艺类节目主持

节目主持人一般是指,依托于广播电视媒体,在节目的内容生产过程中,以个人化行为出现，代表群体性思维观点，以有声语言和副语言为根本手段进行主持传播活动的人。文化类节目作为电视综艺节目中极具文化内涵的一类，本身就具有极强的文学性与艺术性，在寓教于乐、休闲消遣的同时具有一定的文化熏陶与价值引导作用。文化类综艺节目的主持人也具有区别于其他节目主持人的身份特征、角色定位、职能空间。特别是在面对智媒时代的主持传播格局演变形势的新时期，更加要求文化类综艺节目主持人承担新的角色责任，适应潮流、因时而变。

综艺类电视节目的主持人是一档电视节目精彩演绎的重要载体。所以对于综艺节目而言，主持人需要具备良好的个性特征、应变能力以及专业技能等基本素质和修养，才能更好地塑造一个优秀主持人形象来吸引受众群体关注并提高观众对其喜爱度与认同感，从而提升节目收视率及影响力。综艺节目是所有节目中娱乐价值最高的节目，它以变化多端的内容、新颖有趣的表现方式缔造真善美相容的境界，娱乐并启示人生。由于它的形式多样，内容丰富，时代感强，于是深受观众的青睐。在当前我国社会背景下，很多人都存在着审美疲劳以及心理压力过大问题，从而导致精神紧张的现象，观看综艺节目便成了极受欢迎的娱乐方式。作为一名电视媒体工作者，必须注重与观众进行心灵上的沟通，通过多种方式提升共情能力，实现令观众身心放松的目的。综艺类节目主持人的共情能力，是指在主持节目的过程中，要根据观众、嘉宾和其他人对自身情感体验的不同需求来进行分析与把握。节目主持人只有具备良好个性特征以及个性化语言风格等基本素质，才能更好地吸引更多受众群体。同时也因为综艺节目本身具有一定的娱乐性特点，所以对于电视节目而言，需要有一个综艺类节目主持人把握好节目的整体氛围，站在全局角度去思考问题、处理问题，以其特有的亲和力来引导观众参与其中，以此拉近与观众之间的距离。

3. 谈话类节目主持

20世纪60年代，在美国兴起了电视访谈类节目，邀请艺人来参与录制节目，通过主持人与艺人之间的沟通谈话构成一档节目，从而让观众乐在其中。模式就是一名主持人和一位嘉宾在一个小时内进行交流，这种模式被称为口述历史。电视访谈类节目逐渐被引入我国，但它的形式不仅仅是一个艺人对一个主持人。对于一些特殊事件，新闻频道、国际频道会选取一群专业人士进行互动式采访，对该话题可以探索出更多深层次的内容。针对艺人的访谈类节目也从当初的一个人变成了一个团队，对艺人进行详细的采访。形式是多种多样的，但核心是不会发生改变的，都是以生活中的事情为出发点，通过提问让嘉宾给出看法，与现场观众进行探讨，从而引导观众说出自己的看法。

许多人对访谈节目和谈话节目的概念难以区分，中国传媒大学播音主持艺术学院的吴郁教授在《主持人的语言艺术》中提出，访谈是一个大概念，它包括了谈话和专访两种形态，而谈话节目与专访节目的主要区别是群言与非群言。结合学界专家们的概念界定综合来看，电视访谈节目是指主持人与嘉宾在演播室内以面对面人际传播的方式，围绕访谈对象本身或是大众关注的重要社会问题，展开人物性、事件性或话题性讨论的电视节目。电视访谈节目通过平等的对话、开阔的视野，关注着个体和群体的成长历程，记录着社会的发展和时代的变迁，为大众搭建了一个平等的舆论平台，因此成为广受欢迎的电视节目。

电视访谈节目的出现源于生活中的人际交流。广播电视作为一种大众传播媒介，具有传播速度快、真实性强、受众参与度高等优势。访谈节目将公众讨论移至电视节目中，极大程度地突出了大众传播的优势。1953年美国哥伦比亚广播公司播出的节目《面对面》被学界认为是电视访谈节目的开端，而1954年美国全国广播公司推出的《今夜》则被学界认为是第一档真正意义上的电视访谈节目。我国电视访谈节目相对于国外的访谈节目而言起步较晚。1996年3月16日《东方时空》播出了"3·15特别节目"，节目中主持人与嘉宾和现场观众共同讨论如何保护消费者的合法权益，节目播出后引起了大众的热烈反响，这个节目就是我国首档电视访谈节目《实话实说》。这档节目的总制片人认为说话类节目是最能迅速体现作者思想并最大规模影响观众的表达方法。《实话实说》的播出为受众创造了与主持人和嘉宾沟通的平台，弱化了电视节目与受众之间的距离感，满足了大众的精神需求，因此访谈节目在电视节目中迅速占有了一席之地。

在电视访谈节目中，主持人作为电视媒体的"代言人"，在节目中承担了与嘉宾沟通交流、推动节目进程、把控节目节奏等工作职责。而在访谈节目中，主持人面对的嘉宾形形色色，其具有不同的职业、身份和性格，这对主持人来说具有极强的挑战性，也对主持人提出了更高的要求。电视访谈节目的主持人多为专业主持人，即播音与主持艺术科班毕业或是从事主持行业多年并取得一定成绩的主持人。例如，《面对面》的主持人王宁、《鲁健访谈》的主持人鲁健，他们都毕业于中国传媒大学，经过了系统的播音主持学习，有着多年丰富的主持经历，具有较高的文化素养、较强的专业能力以及良好的语音面貌。

在访谈节目中，主持人和嘉宾的对话也是一次次的交锋，而嘉宾的回答往往不能提前预知，所以对于主持人来说节目存在许多不确定性。这就需要主持人做好充分的准备工作，即嘉宾资料的准备和问题提纲的准备，同时还要具有敏捷的

第一章 绪 论

反应能力,能够根据现场的情况随机应变、掌握话锋。专业性对于主流媒体而言至关重要。

4. 专题类节目主持

电视专题节目简称"电视专题",是我国电视节目中的重要类型之一。它是以文化、教育、科学、艺术、人物、事件等为表现中心,通过报道式、评论式、访问式或综合式等多种表现形式,全面、详尽、深入地报道和记录的一种电视节目形式。电视专题节目是我国电视节目传播中最重要、最常见的门类,也是占据主流、涉猎广泛、制作量大的电视节目类型。它具有新闻传播、社会教育、文化娱乐、信息服务四项电视媒体的基本功能,同时也发挥着文化传承、舆论引导、关注社会、塑造形象等核心价值功能。随着时代的发展、社会的进步、思想观念的更新、科技的飞速发展以及对于电视特性认识的不断加深,我国的电视专题节目创作日趋成熟,展现出了独特的魅力。

20世纪80年代诞生了我国最早的电视节目主持人,他们的出现不仅伴随着我国电视事业的发展,更与电视专题节目的发展相辅相成。可以说,在任何一档有主持人参与的专题节目中,主持人都成了联系节目与受众的桥梁和纽带。同样,主持人的创作过程也处于节目诞生过程和传播过程中"咽喉要道"的位置。专题节目主持人作为电视节目主持人群体中重要的组成部分,相较于其他类型节目的主持人有其自身的特点。1985年,于礼厚先生在《新闻工作手册》中对主持人下了定义:在广播或电视中出场为听众或观众主持各种节目的人,叫节目主持人。

北京大学新闻与传播学院教授俞虹在《节目主持人通论》一书中定义节目主持人为:在电子媒体中,以个体行为出现,代表着媒介群体观念,用有声语言、形态能动地操作和把握着节目进程,直接、平等地进行大众传播活动的人。这个概念界定成了对"节目主持人"最受广泛认同的定义。但遗憾的是,"专题节目主持人"的概念至今尚无明确界定,这也对专题节目主持人深入研究造成一定程度的困扰。为此,我们结合"电视专题节目"和"节目主持人"相关概念,对"专题节目主持人"做出如下界定:电视专题节目主持人是指,在某种预设主题的专题节目中,以个体行为出现,运用有声语言、形态等多种表现形式,对社会的某一领域或某一方面给予全面、集中、深入报道和记录的人。提高自身的专业素质,是主持人适应当代电视节目发展的需要。

近年来,随着我国电视专题节目形式的不断创新、内容的越发丰富,尤其是随着电视专题节目的栏目化,主持人在电视专题节目中的地位越来越突出。专题节目对于主持人素质的要求，已从早期"声音好""形象好"以及"普通话标准"等浅显的"外化"衡量标准，发展到现如今"一专多能""个性鲜明"等"内涵+外化"的全方位标准。

5. 财经类节目主持

据文献记载，在大约公元4世纪的东晋时期，我国第一次出现"经济"这一词汇，而文献记载中的"经济"一词与我们现在脱口而出的"经济"在概念上却大不相同，这一词汇的概念差异体现了我国经济从古至今的演变与发展过程。因此，在对我国财经类电视节目进行现状与策略研究的同时，必须首先对财经节目的制作内容有所界定，最重要的是要将"财经"与"经济"的概念和内容界定清晰。财经类电视节目是众多电视节目中的一种。如果从经济学的角度看，我们可以将电视节目视为商品，整个将电视节目传播的过程就是传播者与大众（观众）之间相互满足各自需求的买卖过程，而电视节目所能提供的栏目信息和内容便是这个商品所提供的价值。而财经类电视节目为观众所提供的便是财经类的资讯、信息。财经节目在题材上与娱乐节目、体育节目等是不同的。在明确"财经节目"这一概念的含义之后，我们可以基本确定财经类的电视节目是借助"电视"这一媒介，对与财经相关的所有财经活动、经济现象或资讯进行播报，并对经济相关知识进行普及、分析经济政策与经济现象的节目类型。"财经"与"经济"在概念上有所不同，而财经的概念也分为广义财经和狭义财经，并根据是否为广义或者狭义将节目划分为专业类财经节目或大众类财经节目。

经过对各种节目形式的搜索，以及对财经类文献、论著的整理及财经类节目的检索，分析结果表明，财经类节目主持风格与其他类型节目主持风格存在着共性的同时，也有着本质的区别。我们在此以央视财经频道、上海第一财经频道的代表性节目为例，运用举例说明的方法来分析（说明）财经类节目主持风格的与众不同之处。

（1）综合资讯类财经节目主持风格

中央电视台财经频道（CCTV2）《证券时间》与上海第一财经频道的《环球第一财经》两档财经节目，在众多综合类财经节目当中是最具代表性的节目。首先，这两档节目为各类、各种层次的理财投资人提供充分、专业、准确、丰富的财经资讯。两者的区别在于两档节目视角不同，前者是以我国资本市场交易为主要内容，节目紧贴沪、深两个交易所的现场财经活动，面向广大投资人深入报道每日的交易情况、市场行情、财经新闻和产业企业动态的新闻类实时证券节目；后者则将财经资讯报道的视角定位于全球财经，与国际顶尖财经传媒——美国消费者新闻与商业频道（CNBC）联手，充分利用 CNBC 和道琼斯公司的全球资源，对全球各地金融商业中心发生的财经热点事件进行深入报道，解读各地财经要闻对全球市场的影响等。

综上所述，两档节目的主持人都是来自业内的节目记者、经济学者及资深的经济专家，他们大都具有专业的财经知识，他们的语言更加财经化，对财经新闻的解读具有权威性。由于综合资讯类财经节目报道的财经资讯大都是专业性很强的财经内容，所以这类节目的主持风格也都相对统一。

（2）谈话类财经节目主持风格

CCTV2《对话》节目于 2000 年开播以来，到今天已经开播二十余年了。节目定位为高端的精英人群谈话节目，每期谈话的主题为突发事件、热门人物、热门话题或某一经济现象。这二十多年中，上至政要，下至经济前沿的"小人物"及行业领先者、具有强势话语权的标志性人物等都成了节目的嘉宾。认真、严肃、大气、正式的主持方式是主持人陈伟鸿一直坚持着的，通过与嘉宾、现场听众的充分对话，探索热门新闻人物的心路历程，呈现当事人的苦恼与纠结、成功人士的欢欣，归纳出经济现象，并充分展示谈话人的人格魅力与不为人知的一面。节目播出后收视率很高，深受广大观众的欢迎。主持人陈伟鸿以其沉稳、庄重的主持方式赢得了《对话》节目"最佳主持人"的称号。

由第一财经、东方卫视等打造的《波士堂》是一个高端人物访谈节目，富有娱乐性，每一期都会邀请一位业界的重要人物，并邀请三位业界、文化界的名人，组成一个立体的对话系统，从不同的角度分析他们的商业故事。作为谈话类节目，《波士堂》是唯一一个在全国尝试谈话录像直播模式的节目，也就是在节目录制的过程中进行网络直播，广大网友可以在第一时间与现场嘉宾实现互动，这是节目的一大特色。节目开播多年来收视率不俗。谈到节目的另一大亮点，那就是广大电视观众早已熟悉的主持人袁鸣，她主持过综艺、娱乐、新闻等多个类型的节目，其学术背景更横跨了语言、政治、商业等多个领域。"跨学科"让袁鸣的兴趣和知识面更加广泛，主持风格也更加成熟，她富有亲和力、语言幽默温暖，谈话过程善于倾听和真诚沟通；主持此节目时应对各类话题显得游刃有余，大大提高了《波士堂》的收视率，也使观众从另一个领域领略了袁鸣的风采。

（3）评论类财经节目主持风格

CCTV2 的《经济半小时》是我国观众最为熟悉的财经评论类节目，也是最早的财经节目之一。节目内容始终紧跟我国经济改革的步伐，报道财经资讯的真实性、权威性始终如一，多年来"关注经济大势、知民生冷暖"是节目始终不变的宗旨。

近年来，随着财经节目的不断细化，各地方媒体对评论类财经节目的设置逐渐多起来。例如，凤凰卫视中文台的《财经正前方》，内蒙古卫视的《财富无限》，上海第一财经的《经济观察》等评论类财经节目应运而生且收视率不俗。其中以上海第一财经的《经济观察》为其中的代表性节目。《经济观察》是上海第一财经的一档对重大经济时事进行深度报道的财经评论类节目，节目以独特的新闻视角和权威性的财经评述深入报道经济事件，剖析经济现象是节目的特色。《经济观察》节目就国内外发生的重大经济事件和人们普遍关注的经济热点进行了深入报道，取得了不俗的收视率和强烈的社会反响。说到《经济观察》不能不提到主持人黄伟，从普通群众的经济生活视角出发观察宏观经济，他的主持风格亲民、干练、沉稳，具备专业财经节目主持人应有的气质特点，其主持风格的形成与经济观察节目的历练密不可分。

（4）故事类财经节目主持风格

《财富故事会》节目是中央电视台经济频道精心打造的一档经济类节目，从 2005 年 7 月 18 日正式开播至今，一直备受瞩目，好评如潮。节目以故事为主要表现形式，主打由寻求致富之路而引发的各类中外人生故事，关注主人公追逐财富梦想过程中的命运转折和心灵体验，传达健康的财富观。主持人王凯早已成为受众心中的又一亮点，王凯以沉稳、机智、幽默语言及另类的外形确立了自己的主持风格，打破了传统意义上人们对财经节目主持人的刻板印象，在讲述故事的同时兼顾社会利益和弘扬民族精神。节目开播以来收视率稳步攀升，已经成为经济频道重要的品牌节目，观众满意度也取得非常好的成绩。

与其他同类节目相比，它具有三个显著优势：一是节目创作立意高远，思想性强；二是节目制作技巧成熟，制作团队素质高；三是品牌发展策略明确。《财富故事会》节目心系社会、传承民族精神，所讲的财富故事都不是小的利益纠葛，而是将主人公的故事放置到中国经济迅速发展、国家日渐强盛这一大背景下。总之，它使受众感受到了财经节目主持风格的又一新形式。

6. 法制类节目主持

作为大众传播媒介的电视，不仅具有传播新闻、娱乐和传递信息的社会功能，

第一章 绪 论

而且在社会教育方面也发挥着重要作用。其中法制类节目具有目的性,以向社会传播法律知识为职责。从党的十一届三中全会开始,中央开始加大了立法普法的力度。1985年,中共中央、国务院批准了《关于向全体公民基本普及法律常识的五年规划》,成为国家普法教育的新开端。该规划对普法提出具体举措与要求:充分发挥报纸、杂志、广播、电视在普法工作中的重要作用,报刊、广播电台、电视台都要有专人负责,办好法制宣传栏目,加大法制宣传力度,努力增强法制宣传教育效果,使法制类电视节目成为普及法律知识、加强法制教育的重要力量。在这种情况下,国内传播法律知识、揭露违法行为的节目如雨后春笋般兴起。

总体来看,国内法制类节目的发展总共经过了三个主要发展阶段:分别是初创阶段(1985—1993年)、探索阶段(1994—1998年)和繁荣阶段(1999年至今)。1985年6月,《关于向全体公民基本普及法律常识的五年规划》开始实施,要求报刊、通讯社和广播、电视、出版、文学艺术等部门将加强法律宣传教育、普及法律常识作为重要任务。"五年规划"促成了一系列法制类节目的诞生。1994年4月,经原广电部、民政部和中国广播电视学会批准,成立了中国广播电视学会法制类电视节目研究委员会。研究委员会成立后极大将推动了法制类节目的发展,标志着法制类电视节目建设进入理性发展的新阶段,开始有组织、系统性地审视自身问题。在短短几年的探索期里,我国法制类电视节目从最初的50个增加到150多个,中央电视台的《焦点访谈》就是在这个时候开播的。1999年1月,法制类电视节目进入繁荣发展期,期间中央电视台正式开播《今日说法》节目。它是电视法制节目发展中的一个转折点,从这个节目起步,逐步向高密度、高收视率、具有品牌特色的方向发展。此后,在全国范围内形成了众多具有重要影响力的电视法制节目和多个法制频道。经过几十年的探索和吸取了经验教训,国内法制类节目举办热情更加高涨,中央电视台开设了以社会、道德和法律为主要内容的"社会与法"频道,于2002年5月12日开始播出节目。中央电视台法制节目主要集中在中央电视台社会与法频道中,宣传法律的力度越来越大。央视社会与法频道自面世以来,通过一系列普法节目,为推动中国法治建设进程、提高公民道德水平和增强法律意识做出了很大贡献。2010年至今是电视法制节目快速发展的时期,大量的法制类节目在这个时期脱颖而出。河南电视台的《晓华探案》《新拍案惊奇》,中央电视台"社会与法"频道的《普法栏目剧》,山东电视台的《道德与法治》，中国教育电视台的《法治世界》等多个节目在近十年间脱颖而出、蓬勃发展。尽管当今的法制类节目种类繁多，但它们并非同时存在于一个时代，它们也没有形成鲜明的替代关系。也就是说，一部新的法制节目如果能被受众接受，那就代表着有了一定的市场，却并不意味着它会取代原有的法制节目，因为不同的法制节目都有自己的优势，可以满足不同层次受众的需要。而随着受众的喜好和审美观的改变，法制节目也在发生着相应的调整和演变。2021年6月15日，中共中央、国务院转发《中央宣传部、司法部关于开展法治宣传教育的第八个五年规划（2021—2025年）》，提出在全媒体时代走好群众路线，鼓励个性化普法作品创作，加强对个体媒体创作普及法律知识优秀作品的引导，增加音像普法内容作品，使互联网成为普法创新发展的最大支撑。

经过对电视节目以及主持人的系统分析可知，不只是法制类电视节目，许多电视节目都离不开主持人的串联和衔接，并且随着媒体行业的发展，它的重要性有增无减，反而愈发重要。受众对于节目的认知最初是从主持人开始的，这就要求主持人在主持节目的时候要严格按照节目的要求以及主旨来进行。例如，法制类电视节目因其担负重要责任，所以对于主持人的语言、能力和技巧要求更为严谨、严肃，不能因一味娱乐大众而忽视节目所蕴含的法理，将法律视为儿戏，具体原因有以下几点。

第一，主持人拥有一定的社会责任。法制类节目以"法"为本位，践行我国"依法治国"的基本方针。这就要求法制类电视节目主持人必须根据节目内容将"法"有机融入其中，在节目进行的同时起到普法宣传的作用。

第二，法制类电视节目是宣传法律的重要途径之一。主持人因其定位的特殊性，所以不能像综艺节目主持人那样，不管是主持语言还是动作、表情都不能随意，但是也不能呆板、笨拙。出于节目效果和法律宣传的考虑，需要巧妙地将道德和法律结合起来，向社会法制教育方面看齐，不能只是简单地串联、衔接节目。因为随着媒体的不断发展、人们文化水平的提高，受众已经不满足于简单串联的、流畅的单一节目，更为关注一个节目的故事性和权威性。法制类电视节目主持人要学会运用各种方式有机把控节目，以主持好一档法制电视节目，这是主持人当下和以后需要注意、努力的地方。

第三，电视法制类节目主持人的主持和表达必须与节目主旨一致。由于电视法制类节目有时会出现血腥犯罪场面，以及违法犯罪分子被惩戒曝光、正义被伸张的场面，所以要求法制类电视节目主持人必须坚持以"法"为主，立场坚定、绝不动摇。当违法行为与人伦道德相悖时，需要我们运用所学知识以及自己独特的技能，站在公平、正义的角度去评判。避免人云亦云，也不能冷嘲热讽、过于冷漠，体现法律的人文主义情怀。

第二节　播音与主持

一、播音与主持的关系

在明确了何为"播音"、何为"主持"之后，我们可以明确"播音"与"主持"之间的相互关系。南京师范大学新闻与传播学院原副院长毕一鸣在《语言与传播》中认为播音是一种应用语言艺术，而主持是一种传播行为，需要在传播过程中加以考虑。也就是说，主持是驾驭节目的传播过程，为了完成这一传播过程，传播主体需要运用到"播音"和其他（诸如神态、动作甚至歌唱、舞蹈等）诸多手段。

举个简单的例子，我们可以更加明确播音与主持的关系。例如，董卿在《我要上春晚》节目中对整个节目的把控、驾驭过程，就是她主持的过程。在这个过程中，她会说话、微笑、流泪、转身、模仿嘉宾等。也就是说，在主持过程中，她会运用到"播音"（即有声语言活动、变换表情、肢体动作甚至歌唱等手段）。播音是其主持节目过程中诸多手段中的一种，当然也是最重要的一种。

二、播音员与主持人的关系

在明确了"播音"与"主持"的辩证关系之后，我们再来看什么是"播音员"、什么是"主持人"。"播音员"和"主持人"的概念并不是在"播音"和"主持"概念出现之后对应产生的，而是在实践过程中自然出现的。目前，学界并没有对"播音员""主持人"进行准确的定义，也未能达成共识。因此，本书将我国播音界泰斗张颂教授的部分观点作为主要参考依据，结合广播、电视的实际，对"播音员""主持人"做出如下内涵与外延的界定。"主持人"是指在话筒或镜头前掌控、驾驭广播及电视节目的人，他们常常拥有自己独立的观点。"播音员"是指传统意义上，主要根据编辑、记者等撰写的稿件在话筒或镜头前进行播报的人，他们也掌控节目进程，但大多不存在自己的独立观点。

在这里需要阐明几个问题：首先，"主持人"和"播音员"之间在逻辑上是一种包含与被包含的关系，播音员是主持人的一种，严格来说，应该叫"具有播音员特色的主持人"。为了叙述方便，我们直接称其为播音员。其次，"主持人"

的概念实则有广义和狭义之分。广义上是包含了播音员在内的主持人;狭义上则是不包含播音员在内的主持人,或者叫"基本不依据稿件进行主持的主持人"。为了叙述方便,我们直接称其为主持人。最后,我们在称呼一个在话筒前掌控节目的人时,如果他主要依据稿件进行播音,他就是"具有播音员特色的主持人",我们简称其为"播音员"(当然他的身份也是主持人);如果他更多的是不依据稿件进行播音,那么我们更多将他看作"狭义上的主持人",也简称其为"主持人"。

称一个人为"播音员"还是"主持人"并非固定的,而是看其在节目中承担的任务。例如,当康辉在《新闻联播》中播报稿件时,我们说他是新闻播音员(当然他也是广义上的主持人);而当他在《东方时空》中与嘉宾连线、访谈对话时,我们更多称其为"主持人"。张泉灵在《新闻直播间》中播报消息时,我们说她是"新闻播音员"(当然,此时她也是广义上的主持人);而在春晚特别节目《一年又一年》的访谈中,我们说她是"节目主持人"。

同时,还需要明确的是,"主持"与"主持人"以及"播音"与"播音员"并非一一对应的关系。"主持"(驾驭节目的过程)是通过"播音"(播出人声)等多种手段完成的,而进行主持活动的人就是(广义的)主持人。其中,通过依据稿件的播音手段来掌控节目的也叫"播音员",通过提纲资料的播音手段或不依据稿件的播音手段来掌控节目的则是(狭义的)主持人。

第三节 播音主持工作的地位和价值

一、播音主持工作的地位

播音在广播电视节目中的地位,可以概括为"传播前沿""中介工序"以及"联系纽带"。"传播前沿"显示了播音主持工作的重要性,在广播、电视、网络等各类节目中,信息传递的终端是播音员主持人。"传播前沿"的地位体现了播音主持的独特性。有声语言和副语言的表达不只是媒体"门面"的问题,而且决定了传播的效果。

实现语言转化("中介工序")体现了播音主持工作的岗位职能。播音主持首要的和最基本的工作就是将文本语言转化成有声语言和副语言。

播音员主持人的根本职责是传播党、政府和人民的声音,引导社会舆论。从文本语言系统到有声语言和副语言传播系统,是简单的转化还是实质性的转化,是衡量播音主持质量高低的标尺。

有声语言和副语言传播系统与文本语言系统有质的不同:首先,它将播音主持创作主体推至台前,充分激发了播音主持创作主体的创造力;其次,它要求播音主持创作主体将自己想说、要说或别人说过、别人想说、别人要说的话用自己的话来表达,借以完成传播的职责。

"联系纽带"表明了播音员主持人与媒体的相互依存性。当今,各级各类媒体要努力做到"上情下达、下情上达",贯彻党的路线、方针、政策,传播各项法规、政令,反映各种民生民情,以起到桥梁、纽带作用。播音员主持人依附于一定的媒体,而媒体只有通过播音员主持人才能实现其桥梁、纽带作用。除了播音员主持人外,记者、编辑、制片人、技术人员共同组成相对于受众而言的播音主持创作主体。

媒介的性质决定了新闻性是播音主持的根本属性、艺术性是播音主持的核心属性。传播前沿的地位要求播音员主持人必须正确对待、运用话语权,重视提高播音主持创作中的两个"转化"能力,切实完成有声语言和副语言传播的工作职责。

二、播音主持工作的价值

(一)有效传递信息

语言是信息传递的基础,特别是对广播节目而言,受众主要靠听觉接收节目信息,因此良好的语言表达是确保节目内容、节目思想传递的基础。在广播媒体中,不同的节目内容需要播音主持人以不同的语言形式表达出来。例如,同样是新闻节目,民生、生活类新闻较为轻松,播音主持人可以用更加生活化的语言进行播报;而对于那些较为严肃的政治类新闻或社会性新闻,播音主持人应该以简练、清晰的播报方式来表达节目立场,从而实现正确价值观的传播。

(二)奠定节目的总体基调

每一个节目在播放之前需要确定自己的总体基调,了解节目的受众群体。节目的总体基调主要包括宗旨、情调、气氛、语调以及节奏等内容,为了能够更好地展现节目总体基调,播音主持人需要了解节目宗旨、营造节目气氛,把握语调及节奏的变化。在制作电视节目之前需要明确创作目的以及制作意图,从目的出发来制作整个节目。播音主持人为了营造良好节目气氛、展现节目主旨,需要灵活改变自己的语调及节奏。播音主持人对节目宗旨初步了解之后，便可灵活采用有声语言或者无声语言表达节目宗旨和制作人的意图，并通过播音主持人自身表现来挖掘节目基调。

在节目播放过程中，播音主持人可以通过调整自己的语言、体态以及表情、动作等操控节目的发展方向，以更好确定节目的感情基调，从而吸引有兴趣的人民群众观看节目，以此来满足人们对节目的需求。主持人发挥语言作用能够将自身表现与节目内容结合起来，从而实现自身与节目灵魂的结合与统一。

（三）增强节目效果

对广播节目而言，播音主持人独具特色的语言风格可以表现其性格特点，这不只可以实现节目的定位，还可以提高节目的辨识度，使听众"听声识人"，将对主持人的喜爱转化为对节目的忠实度。此外，播音主持人良好的语言表现能力可以在很大程度上提高节目的格调，使节目内容实现精准传递、使节目情感更加丰富，并以此打造与受众互动的平台，以增强节目效果，促进节目的长远发展。

第二章　播音主持事业的发展

随着时代的发展，我国播音主持事业也有了一定的发展，从最初的广播电台延伸到各种新型电子设备上。本章分为广播播音主持事业的发展、电视播音主持事业的发展、网络播音主持事业的发展三部分。

第一节　广播播音主持事业的发展

一、广播播音主持工作内容与特点

（一）广播播音主持的基本工作内容

广播播音主持人员的工作内容便是利用自己的声音传递节目信息，使听众借助广播播音主持人员的语言描绘来联想。广播播音主持人员只能利用声音传播节目信息，因此想要吸引更多的听众收听广播节目、提高广播节目的收听率，就需要从播音主持人员入手，提升其语言表现能力，进而吸引更多的听众。

通常情况下，广播播音主持人员都是按照固定的播音模式播报稿件，但是在一些特殊情况下，其需要根据简要信息进行脱稿播音。所以为了保证临场播报内容的准确性，广播播音主持人员就要具备较强的语言组织能力和语言表现能力，可以根据节目内容和节目主题的变化快速且准确地调整自己的语言表达方式，在播报节目内容的同时充分展现出个人的语言特色，进而探索出更为个性化的节目播报方式，为广播节目注入更多的活力。

（二）广播播音主持工作的特点

1. 具有时代感

如今，日新月异的生活让我们时常感慨时代的变迁和社会的发展，广播播音主持人成为社会信息的实时传播者，播音主持工作的时代性特点尤为显著。广播播音主持人要营造良好的节目氛围，就要体现出广播节目的时代性特点，要深切感受社会发展的脉搏，敏锐把握时代发展的潮流，深刻了解大众喜闻乐见的节目形式和内容。只有这样才能让节目和时代发展息息相关，与听众生活紧密相连。

2. 具有简洁性

在社会的发展过程中人们的生活节奏逐渐加快。人们每天面对的信息量越来越大，于是在接受信息的过程中耐心减少，而更急于快速掌握信息。短视频正是这种背景下的产物。而这对于广播电视台的许多播音主持人就提出了新的要求——在进行新闻内容的编写过程当中，需要对内容采用尽可能精简的形式进行表达。根据新闻事件来适当控制文字的数量，抓住事件的重点进行报道，尽量少使用专业性过强的词语，减少长句的表达方式。

除此之外，广播电视台记者还要综合考虑自身的相关知识、经验，进而对新闻播报的内容进行二次加工，使内容更加简练与准确。这样有利于观众较为直接地了解播报的重点内容。特别需要注意避免使用存在歧义的词组或者句子，否则会影响节目播报的效果。

3. 具有独特的审美观念

目前，新媒体的不断发展也给播音主持人带来了新的挑战，要求播音主持人要具有正确的审美观念。在节目中，内容选择既要符合时代主题又要满足听众需求，在主持过程中既要做到语言表达的准确、严谨，又要做到形象生动。播音主持人要给听众营造一个良好的氛围，同时也要提高自身的审美水平，传播"真善美"，尤其要在节目中展示自身的特点，打造独特且受听众欢迎的主持风格，只有这样才能吸引更多的听众，增加个人魅力。

4. 具有真实性

广播播音主持工作的核心职责就是向全体听众传递最真实、最鲜活的新闻资讯和信息，所以，话语的真实感既是播音主持人的基本特点，也是话语艺术性的基本内涵。

广播播音主持人必须具有较高的职业素质，不得任意歪曲事实或对事实信息加以修改、增补。播音主持人必须在认真客观描述事情和新闻的基础上提高话语的艺术性，贯彻信息真实、话语真诚的原则，从而逐步得到听众的认同和重视。

5. 具有开放性

目前，广播播音主持人在主持中既要保持自身的主持风格，又要广泛吸收来自业界的专业建议和广大听众的积极意见，逐渐优化自身的主持风格，所以播音主持工作还具有很强的开放性。

广播播音主持人在主持节目时，要站在听众的角度将节目的内容通过自身的语言艺术传播出去。开放性拉近了播音主持人和听众之间的距离，可以让听众对节目保持热情。

二、广播播音主持事业的发展路径

（一）加强学习和培训，提高专业技能

广播为我国重要的信息传播载体，其播音员、播音主持人的综合业务能力、专业技能直接影响着广播播音效果。要实现语言表现力的稳定提升，就要不断提高播音员、播音主持人的专业能力、综合能力，增强播音主持效果。

具体而言，应加强教育培训，围绕综合职业素养与专业技能开展定期培训教育工作，加强理论学习、工作实践经验交流等，不断拓展播音主持的眼界，加大社会主义核心价值观在播音主持工作中的渗透与覆盖力度，提升播音技巧运用水平和临场应变能力。其中，在培养广播播音主持人的语言控制和应变能力时，要充分发挥新媒体、智能移动网络等媒介和技术的作用，探索更多培训契机，借助线上线下资源实现采访、后期编辑等系统的全过程培训，运用多元培训方法，不断夯实广播播音员、播音主持人的理论、技能基础，促进复合型人才的养成。在培训过程中要融入考核、激励机制，检验培训成果。可以采取面试、笔试相结合等多元化检验方法，依托合理的奖惩制度提高广播播音员、播音主持人学习与完善自我的积极性，及时发现自身不足之处并改正。同时依托播音主持大赛等竞赛活动，让广播播音员、播音主持人得以在不断的实践中增强自身语言能力与应变能力，使其在实践中积累经验、提升自我。

（二）进行文化积累，全面提升播音主持人文化素质

语言是文化的重要载体，各式各样的文化信息都是通过语言进行传递和表达的。当代任何一个广播电台首要完成的任务就是提升播音主持人的文化素养，从而打造出具有文化底蕴的广播节目。

首先，要大力提高播音主持人的文化素养。专业的文化素养不仅可以使播音主持人快速地吸收前辈的经验，还可以使其接触到更多的文化知识。通过培训可以让播音主持人之间进行有效沟通，相互学习，相互切磋技艺，从而使自身的文化素养得到提升。

其次，播音主持人自己要不断学习，提升自身的文化素养。可以通过阅读相关书籍来丰富自己的文化知识，熟悉和掌握当地的风土人情以及文化习俗，了解当地听众的心理需求，从而在播音过程中融入当地文化特色。

（三）播音主持人要增强与观众的互动

传统广播节目和听众之间的互动方式比较单一和枯燥，节目效果不佳。现阶段，我们进入了网络时代，网络设备不断丰富，广播播音主持人和听众之间的互动也变得更加便利和高效，实时沟通技术要求播音主持人在节目的内容和环节设置上更加突出互动性这一特点。例如，组织主题性线下活动、节目连线参与游戏、播音主持人空降身边送惊喜等创新类活动。增强节目与听众之间的互动，不仅能让听众在节目中表达自身的观点、与播音主持人进行实时沟通，还能使听众参与节目并成为节目内容的一部分，甚至成为节目的"点睛之笔"。例如，在一档音乐广播节目中设置"默契拷问"环节，听众需要通过10次机会猜到播音主持人设置的主题词从而获得奖励。在这不到2分钟的节目内容里，不仅播音主持人提供了很多笑点，听众的真实反应也让节目的趣味性得到了提升。这种来自播音主持人和听众之间新鲜又陌生的思想碰撞，带来了很多意想不到的效果和笑点。除此之外，还使得听众的节目参与感得到了显著提升，而且真切地鼓励着其他听众参与节目，大大增强了听众与节目和播音主持人之间的黏性。

（四）增强广播播音主持人的情感表达

语言是促进人类社会、情感、文化交流的重要信息载体。而对于情感的表达，就需要广播主持人在日常生活中多进行情感体验。只有源于生活当中的情感体验才能更好地代入日常节目广播当中，从而引起听众的共情，达到刺激听众情绪的作用。这就需要电台播音主持人多感受生活、加强思考，提升自身的共情能力，同时丰富生活阅历。

在传递情绪时，要做到客观、真诚、发自内心。用真实的情感打动观众，以客观事件为基础，真诚地向观众传递情绪。喜悦或悲伤、激动或愤怒都应反映在事件中，充满情感地表达而不失内容。

第二节　电视播音主持事业的发展

一、电视播音主持事业的发展困境

（一）创新力度不够

互联网时代下，大众对广播电视节目是否具备创意性的要求越来越高，传统的节目编制形式已经不能满足各类受众的需求。这促使广播电视单位不仅要制作类型更加多元的节目，且节目内容必须注重创新、富有创意，不能一味地单向互动。虽然传统的媒体行业已经踏出了寻求改变的第一步，但是改变情况不太理想，各种外部原因和内部原因阻碍了广播电视播音主持工作的进一步发展。想要成功转型、稳住信息传播领域的优势地位，创新能力是第一位。

但是，就目前的情况来说，广播电视单位的创新能力还有待提高。在当前的新媒体大环境下，播音主持人必须从根源上提升综合素养，满足新媒体平台发展环境和广大观众的需求。提升创新能力的前提是培养创新思维，其中，牢固的基础知识是第一步。传统媒体行业必须明确自身的发展定位，结合定位找准方向，结合方向吸纳人才。每招聘一个工作人员，他们都必须通过基础知识关，没有牢固的基础知识，行业内部的发展就没有根基；根基不稳，创新能力也无从培养。第二步是营造良好的创新环境。在新媒体时代，越来越多的人成为媒体使用者和媒体信息的关注者，人人都有机会通过新媒体展现自己、吸引受众。所以，行业内部要定期组织学习，关注时事动态，发现创新点，避免出现同质化现象。

（二）播音主持人荧幕寿命不长

部分非专业的广播电视播音主持人由于专业性、素养与能力都不足，只是单纯地迎合时代发展潮流进行节目主持，所以呈现的风格多种多样。与央视严肃端庄的主持人相比，这类非专业的播音主持人很难长时间停留在荧幕上。对于一名广播电视播音主持人而言，若想获得大众喜欢，最为基本的就是获得属于自己的受众群。这就需要表现出独特的风格，能够吸引受众，从而逐步提高受众喜爱度，提高受众忠实度，进而产生更大的影响力，才能获得较长的荧幕寿命。

除此之外，在新媒体时代下，播音主持人自身素质、专业能力也会直接影响播音主持效果。在很多节目中，由于播音主持人信息化意识不足，无法高效利用新媒体技术，未能与观众形成良好互动，直接影响了节目效果，导致观众逐渐失去兴趣，主持人最终退出荧幕。

（三）电视播音主持人的特色不鲜明

融媒体时代到来后，信息内容的传递形态发生了巨大的改变，新闻内容也变得更加多元化。但对传统媒体而言，如果播音员、播音主持人的播音主持方法长期不变，那么节目的特色和多元化风格就很难突显出来，播音员、播音主持人甚至会被定位为"新闻传声筒"。例如，在直播过程中，一旦播音主持人选择按照提前准备好的稿子进行主持，就很难把直播互动性的特点充分展现出来；如果遇到突发状况，不仅播音主持人的应变能力、专业知识素养会遭到质疑，观众观看直播的体验也会受到影响。

此外，不少新闻资讯类节目对播音员、播音主持人的言行举止有着较多的规定。在固化方式的影响下，观众多元的审美需求很难得到满足。

（四）话语权向受众转移

媒体融合背景下话语权向受众转移，是播音主持工作面临的巨大挑战。一方面，传统广播电视节目在自身的发展过程中会逐渐形成权威性，对舆论有一定的引导作用，从而具有话语权。而在媒体融合背景下，受信息及传播方式多元化的影响，播音主持的重要性削弱，节目播出效果和内容与受众间的关系更加密切，话语权开始向受众转移。另一方面，网络信息技术的快速发展使媒体内容开始向大众化及多样化方向发展。而广播电视节目与人们的日常生活存在密切联系，新媒体环境下的话语权进一步向受众转移，播音主持的压力增加，在受众中的影响力降低。

二、电视播音主持事业的发展路径

（一）提高播音主持人自身素质

播音主持人在进行艺术创新时，要注重提升自身素养。播音主持人在主持广播电视节目时，其一言一行、一举一动都会通过声音或画面直接传递给受众。因此，播音主持人的自身形象建设就显得尤为重要。播音主持人要在节目中多注意自己的失误并进行改正，时刻保持创新意识。例如，某知名电视节目播音主持人表示，他的作品一开始效果也并不理想，但在较长时间的主持经历后，他发现观众的笑声可以用来检验自己的节目主持效果。据此，他认为可以通过自己的言行举止来把控观众的心态。为此，他进行了刻苦钻研，不断在主持工作中寻找增强主持效果的方法，最终在节目中大放异彩。

（二）注重电视播音主持人的形象塑造

作为广播电视的播音主持人，必须明确自身传播社会正能量的职责和使命，深刻理解播音主持人这一职业的内涵，进而最大限度地发挥广播电视播音主持人的作用。现阶段，我国社会发展环境复杂，部分关于广播电视播音主持人的丑闻导致播音主持人整体形象受损，进而影响到社会大众对播音主持人的印象和评价，阻碍了一些优秀播音主持人的未来发展。

对此，播音主持人必须时刻注重自身形象，在日常工作中严格要求自己，积极深入地学习主持专业知识与技能；即便是非专业出身，也要以专业播音主持人的标准去严格要求自己。只有保证播音主持人树立良好的荧幕形象，才能逐步转变社会大众对广播电视节目的印象，被播音主持人的良好形象、风格所吸引，从而提升对节目的喜爱度，进而为广播电视发展提供良好契机。同时，也促使播音主持人自身不断满足社会发展需求，切实提升自身的专业能力。

第三节　网络播音主持事业的发展

一、网络播音主持人的类别与特征

科技的发展进步有效促进了媒体时代的发展。20世纪末，网络诞生并得以迅速发展，信息传播载体由报纸、广播、电视等转变成网络，网络传播迅速、快捷、直观、丰富的特点使得网络成为信息传播的主要阵地。在网络传播的过程中，需要专业人士进行一定的引导，处理传播过程中出现的一些问题，网络播音主持人便应运而生。

（一）网络播音主持人的类别

由于独特的网络媒介环境，网络节目播音主持人群体构成呈多元化特征，网络节目播音主持人大致可分为成名于传统媒体的专业播音主持人，专业领域名人、专家类播音主持人及网红类播音主持人三类。

1. 成名于传统媒体专业播音主持人类

该类网络节目播音主持人的名气起初源于传统电视媒体，而后凭借原有名气转战网络媒介，并在网络节目中赢得了不少人气。这类网络节目播音主持人具有反常规、娱乐至上的形象特征：语言内容尺度较大；真性情流露增多；"卖""怪"现象增多；娱乐元素增多等。

2. 专业领域名人、专家类

该类网络节目播音主持人虽不是播音主持人出身，但名气来源于传统广播电视等传统媒介。评判该类播音主持人优秀与否，不再是看外在的形象、吐字归音是否到位及仪态是否端庄等，他们在节目中充分发挥自己的专长，运用通俗化的口语进行交流、主持。这类网络节目播音主持人善于发挥专长，具有与受众倾心交流的形象特征：有思考、有感悟；氛围轻松、交流畅达。

3. 网红类

该类播音主持人凭借主持网络节目走红，可分为两类：一类是非专业的草根群体；另一类是专业出身的年轻播音主持人，他们有着帅气或靓丽的外貌、独具魅力的声音，多才多艺，风趣幽默。例如，《爱奇艺早班机》的播音主持人彭小苒、吕翔等。这类网络节目播音主持人拥有独具一格、形象鲜明的特征：辨识度极高的外在形象；个性化的语言风格；人文关怀式的自我表达；表演性的夸张仪态；运用多样方式与受众互动等。

（二）网络播音主持人的特征

网络播音主持人来源于电视节目，但是由于本身所属媒介属性差异又不同于电视节目播音主持人。后者的语言风格、表现形态以及类型都更加丰富，网络播音主持人与受众之间的关系更为密切、地位更加平等。

1. 形态：丰富多元

网络播音主持人形态更加丰富多元。以往在电视综艺节目中，播音主持人的形态一般较为固定，稳定地发挥其职能，播音主持人的角色不会因为节目的不同而有所变化。在网络综艺节目中，播音主持人不再局限于固定播音主持人的角色设定，而是能够根据节目具体需求随时调整自身形态以适应节目环境。网络节目中，播音主持人不仅是播音主持人，而是能够变换成任何节目所需要的形象，服务节目内容。

2. 语言：轻松活泼

网络播音主持人的语言风格更为轻松活泼。在电视节目中，播音主持人受到国家广播电视总局相关规定限制，需要在节目中规范使用语言文字，在推广普通话方面起到带头作用。因此，在电视节目中，播音主持人的用语是极为规范的，播音主持人必须使用标准的普通话，发音错误会面临罚款的风险。这在一定程度上导致播音主持人的语言丧失了灵活性。

在网络节目中，播音主持人用语规范要求相对较低，所以在网络节目中，播音主持人能够选择的词语更为丰富。为了能够更好地贴近受众，播音主持人多以生活化的语言参与到节目中，所以，播音主持人撒贝宁在电视节目和网络节目中呈现出截然不同的语言风格。

在电视节目中，撒贝宁的语言偏向于正式、规范；在网络节目中，撒贝宁的语言则往往更为生动活泼、贴近生活。例如，在节目《放学别走》中他分别用粤语、武汉方言、长沙方言等方式深度参与节目。这种轻松活泼的用语极大地拉近了播音主持人和受众之间的心理距离。

3. 姿态：平易近人

在网络节目中，播音主持人姿态低，更加贴近嘉宾和受众。在电视节目中，播音主持人多以"主人"的姿态面对嘉宾，单向传播模式之下二者之间地位悬殊，播音主持人无须过多考虑受众的想法。因此，在收看节目的过程中受众只能被动接受播音主持人所设置的议程。然而，在网络节目中，单向传播模式被打破，受众获得了表达、反馈的渠道，播音主持人和受众之间的地位趋于平等，所以，播音主持人需要更多地顾忌到受众的感受，满足受众的要求。

二、网络播音主持事业发展的机遇与挑战

（一）网络播音主持事业发展的机遇

1. 移动媒体为播音主持行业输送更多的人才

移动媒体不仅可以丰富人们的精神生活，还可以提供播音主持人才。目前，各类短视频软件应运而生，人们运用短视频软件拍摄视频以记录生活，有的是进行网络直播。近两年，网络直播人数直线上升，这在一定程度上促进了播音主持行业人才的培养。利用移动媒体可以进行网络直播，这为从事播音主持的人带来了更多的便利，拓宽了他们的学习渠道，通过该渠道可锻炼语言表达能力及胆量。播音主持从业人员需要定期进行培训，培训过程中可以运用网络直播的便利性布置相应的任务，通过网络直播及直播间观众的反馈及时改进不足，从而为播音主持行业输送更多的人才。运用移动媒体进行网络直播的过程中，有不少主播为了

吸引粉丝采取一些不正当的手段，向人们传输错误的价值观。因此，应吸取教训，积极传递正确的价值观，成为具有良好道德修养及职业素质的行业人才。

2. 互联网增强了播音主持的时效性

互联网的发展加深了对传统媒体行业生存空间的影响，同时也加强了媒体之间的融合趋势，各类广播电视频道、电台借助互联网的优势整合信息资源、拓宽新闻传播渠道、创新信息传播技术，凭借强大的内容体系和新闻框架实现了各方资源的优化融合，构建时效性更强的新媒体平台。新媒体最大的优势就是时效性，它可以借助互联网将此刻获取的信息长久地保存。类似抖音这样的平台还可以就地现场直播，只需要借助一部手机便可以随时随地将信息传递给广大群众，使得信息传递的手段更加多元化。

以前的广播电视不能与受众进行沟通，因此播音主持人无法知晓受众的想法，遗漏掉了很多信息。而如今播音主持人及记者可以借助新媒体平台和参与观众进行沟通。尤其是遇到突发事件时，可以通过现场直播的方式将现场情况和各方信息及时告知给正在关注此事件的人民群众，使更多的人参与进来，拓宽信息收集途径，扩大事件的社会影响力，促进这些事件早日得以解决，维护社会的稳定。另外，还应抓住机遇，促进传统媒体行业的发展，扩大其生存空间。

（二）网络播音主持事业发展的挑战

网络媒介引起人们的广泛关注，网络媒介的迅猛发展标志着中国传媒业进入了网络媒介时代。目前，5G 移动网络已普及全国各地，网民可随时随地拿起智能手机进行关键词输入以观看自己喜爱的网络节目，这对网络节目的发展极为有利。但不同的审美观和网民的喜好对网络节目播音主持人提出更高要求，在此种情况下，网络节目播音主持人应该做好迎接挑战的准备。

1. 网络环境的挑战

网络媒介环境泛娱乐化地影响大众的生活，各种各样的文化体育活动被人们作为工作之余的消遣。在新媒体时代，人们开始在网络上寻找更为便捷新潮的娱乐方式，进行自身精力的释放。由于网络环境的虚拟性、互动性和便捷性等特点，人们可以任意地在互联网上传递各类信息，从而导致网络环境的信息泛滥。大爆炸式的信息传递使人逐渐失去自主选择的积极性，忘却清晰的主观追求，在泛娱乐化的虚拟世界里迷失，而网络播音主持人同样被网络媒介环境的泛娱乐化所影响，致使网络语言、地方方言等各种语言失范现象在网络节目中横行。

第二章 播音主持事业的发展

世界著名媒体文化研究者尼尔·波兹曼（Neil Postman）曾在《娱乐至死》一书中提到，我们的政治、宗教、新闻、体育和商业都心甘情愿地成为娱乐的附庸，其结果是我们成了一个娱乐至死的物种。然而一旦超出范围，便容易达到泛滥的程度。以各大热播网络综艺节目为例，都是把节目的娱乐效果放在首位，当网络媒介的表达环境变得更加娱乐泛滥化时，播音主持人必然会受到网络媒介中周围语言的影响，产生娱乐至上的思维模式。为了迎合所谓的网络时尚潮流，把追求欢闹当成网综节目的内在要求，在运用语言时进行随意化、情绪化的表达，不由自主地违背了语言的基本规范化要求，这是一种随波逐流的行为表现。

2. 网民需求的挑战

"主人"的作用来自原始社会大规模祭祀活动中的"指挥"，这证明了主人活动的历史悠久。但"节目播音主持人"在20世纪20年代才正式出现，这是现代文明的产物。20世纪40年代，社会的进步和媒体技术的发展导致了电视节目播音主持人的诞生。他们说的话语、穿的衣服、主持节目的方式等开始引起公众的关注。

随着互联网技术的发展，网络视频逐渐增多，自创节目不断被创建，导致一批网络节目播音主持人以精练的语言和非常规举止吸引了成千上万的观众。节目播音主持人作为媒体从业人员，可将媒体作为独立人来代表，直接向公众传递媒体和个人信息，并通过语言和非语言符号协调节目。网络节目播音主持人基于网络平台诞生和发展，有学者将其定义为：在网站制作的原始视频节目中代表群体概念和语言的人，直接向公众（网民）公布网络信息，实现具有人际传播特征的大众传播。

随着广播电视媒体与网络媒介融合的加快和移动互联网的普及，传统媒体的受众也逐渐转为关注网络媒介。腾讯、优酷等综合门户网站已经逐步开始制作在线视频节目，网络视频节目的影响力也在扩大。

目前，网络节目播音主持人出现新的发展趋势：一是虚拟播音主持人，其是网络技术高速发展的产物。虚拟播音主持人在网络上的表现虽惟妙惟肖甚至机智过人，但毕竟是虚假的，在与受众进行互动交流时仍无法达到理想效果。

二是对播音主持这个行业极其热爱的个人，在网络媒介平台上进行临时性主题直播或将自己提前录制好的、自认为比较好的视频作品上传至网络媒介平台，播出时间具有随意性、不确定性，但节目质量得不到保证。传统单一的主持风格早已无法满足受众的需求。

如今，网民对网络节目播音主持人的要求是不仅要口若悬河，而且要善于捕捉热点、关注网络。面对不同的网络节目，网络节目播音主持人需改变自己在节目中的风格,以满足观众的需求。在网络节目中,很多节目播音主持人都有相似的主持风格,所以如何在众多的网络节目播音主持人中占有一席之地并脱颖而出,塑造出观众喜欢的屏幕形象,是网络节目播音主持人面临的新挑战。播音主持人要利用网络媒介先进的技术优势与观众互动,努力做到播音主持人的个性与节目的风格相贴合。他们的知名度很高,每个人都会有不同的个性、不同的风格,这些都是打造个性化播音主持人的良好条件。如何适当地充分发挥自身的优势、打造受众喜闻乐见的形象,是当前网络媒介环境下对播音主持人最大的挑战。

3. 综合素质的挑战

为了更好地吸引观众,很多网络节目播音主持人在节目中还会使用网络热词,但是部分新生的网络词汇尚未得到权威认可,因此能否用于节目主持工作还有待考量。虽然这些网络热词本身具有极强的代入感,可以体现人们对生活的独特体验,如"芭比Q""雪糕刺客""摆烂"等,但是部分网络流行语并不符合语言规范,所以如何在节目中合理运用网络热词对播音主持人而言是一项挑战。部分播音主持人没有考虑节目内容以及特定的语境,随意运用网络流行语,非但没有起到强化传播效果的作用,反而造成不良影响。例如,在部分网络节目中,播音主持人偶尔会根据当下的情境运用一些夸张的网络语言表达内心的感受,如"扎心了老铁,没想到这才是事情的真相",但是部分播音主持人没有根据实际的情境而随意使用,很容易对一些听众造成误导。如"小孩子的任务就是认真学习,不然就会成为九漏鱼",在网络用语中,"九漏鱼"指文化水平较低的艺人,带有一定的贬义。而且这个词语的用法尚未得到公众认同,用于网络节目显然不当。

语言表达是播音主持人主持节目过程中的重要一环,播音主持人仅仅拥有优质的语音面貌是远远不够的,还需掌握规范的语言表达技巧才能顺利地主持好一档节目。目前,播音主持人的语言表达问题主要分为句子语法表述失误和过多使用网络语言两种情况。

(1)语法表述失误问题

句子的语法是语言组织的基本要素,支撑起整个话语表意的框架,在播音主持人的语言表达中占据了非同小可的地位。所谓语法,就是指句子的结构规则和使用规则,任何一个句子都不是随意堆砌形成的。语法是抽象的,它没有严格、固定的要求;语法又是稳定的,它代表了词汇之间排列关系的一种法则;语法还是民族的,每个民族的语言都有其独特的语法关系。播音主持人一般都能在节目中与嘉宾进行顺畅的话语沟通,但由于网络节目录制现场的突发情况较多,又或是个人的主持状态不佳，播音主持人在主持过程中常常会有句子语法表述失误的现象发生。网络播音主持人在语言表达过程中大多处于脱稿的状态，在主持节目的过程中也常常需要即兴发挥并达到出口成章的效果，这必然对播音主持人的语言表达功力有着更高的要求。一般来说，由于网络节目现场语言环境的复杂性，网络播音主持人在主持节目的过程中通常会使用复句来进行话语表达，而很少使用简单的单句来进行沟通交流。但复句的内部语法结构更为复杂，复杂的主谓宾关系很容易让播音主持人说错，造成语句的语法表述失误问题。

播音主持人言语沟通中所使用的语法往往关联着整个语句的话语含义是否表达正确，如果播音主持人话语中的主谓宾或定状补关系混乱，将导致句子的语义表达错误，让观众难以理解。例如在网络节目《吐槽大会》第五季第十期中，播音主持人在开场介绍嘉宾时说："我们还请了三对彼此心里可能是真的有恨的冤家路窄的一些嘉宾……"就出现了语法失范现象，定语"三对"和"一些"明显重复，显得十分累赘。新媒体环境下，诸如此类的语法表述失误问题广泛存在于各类网综节目中，需要播音主持人进一步认识到问题并改正。

（2）过多使用网络语言问题

网络语言实质上是一种由广大网友对某些原本具有固定用法的字和词重新进行语法组合，并赋予其新含义而在网络上广泛流传的语言。有些网络语言不能称为语言，说它们是"行话"和"黑话"也未必恰当，应该说它们是网民之间使用的一些特殊的信息符号。网络上流传的语言是一种"新"的语言，具有结构新、搭配新、含义新的特点，例如，"酱紫""奥利给""杠精""然并卵""给力"等词汇都是由网友在自身生活中挖掘甚至原创出来的。

网络语言的产生与键盘打字导致的表意不明也存在一定关系，本来并不相关的几个字词被重新组合到一起，在特殊的网络交流场景中便产生了个性十足的新含义。例如，"杠""精"两个字结合而成的"杠精"代表了"故意唱反调的人"，"然""并""卵"三个字组合而成的"然并卵"代表了"并没有用"的意思。

网络语言在网络上流行速度快、范围广，同时因为其存在词汇更新较快、稳定性较差等情况，所以一般也只能在网络上普遍流行，并不能达到全社会通用的效果。网络语言在网络上都曾有"红极一时"的现象，不过随着词汇曝光时间的推移，当其慢慢失去热度后也很难被人们提起，这是语言与网络平台结合而产生的一种特殊变异现象。网络语言虽然在网络世界被大部分网友接受和使用，但这种语言的变异现象对于推广和普及普通话存在阻碍作用，曾经"爆红"的一些网络流行语也在不断革新，被时代渐渐地遗忘和淘汰。在新媒体平台上，部分网络播音主持人误认为使用网络流行语是一种时尚化语言表达的体现，殊不知，网络语言的使用如果在网络节目中成为家常便饭，这一随意且不规范的表达方式将对网络节目的文化传播造成不小的负面影响。

　　网络节目播音主持人应主动塑造与节目相贴合的良好形象，以获得受众认可，满足受众期望。网络节目播音主持人具有鲜明的时代特征，是网络多元化的一个基本典范，是勇敢奋进的形象代表。一名优秀的网络节目播音主持人在自己专业领域要有一套科学、系统、专业、严谨的知识体系。我们看到，纷繁的各领域专业人士争先恐后开始进入网络节目这个新兴行业，如《罗辑思维》的播音主持人罗振宇，他对营销、品牌等行业有着独到的见解和专业性强、系统的知识。因此，他在节目中谈论相关领域时，可以将事物之间的关系从深层次、多角度进行系统分析，为受众普及专业性与趣味性并举的知识。

　　播音主持人应具备节目相关的专业性知识，并将这些知识与身边的事物充分恰当地结合起来，方便受众获取信息。这需要播音主持人提高自己的文化能力、言语水平和含金量，以提高交际效果。因此，网络节目播音主持人要不断从各类书籍中汲取与节目相关的知识，学会留心观察身边的一切事物，不断丰富充盈自己的生活阅历。从传统媒体转型到网络媒介的播音主持人萨宾以诙谐搞笑的主持风格给观众留下了深刻的印象，这一切得益于其丰富的专业知识和生活经验。只有不断学习和建立自己的专业化知识体系和具备广博的知识，网络节目播音主持人才能在激烈的竞争环境中赢得一席之地并脱颖而出，赢得受众的认可和喜爱。

　　4. 工作方式的挑战

　　在网络媒介环境下，人与人之间的互动性加强。通过网络，网络媒介受众不再是"你说我听"的被动接受者，而是能够即时表达意见的"用户"，网络节目播音主持人要善于与受众进行互动。网络节目播音主持人要想掌控好一档节目，必须主动互动，善于利用网络媒介技术的优势与观众互动。

　　新技术的发展总是与生产方式的变化联系在一起，播音主持人在网络媒介中应是全能型人才，对编辑、主持、文案、网络策划等各种工作都应该胜任。这些都是合格播音主持人在当今网络媒介环境下应该具备的素质。网络节目播音主持人要把各方面工作都做好、做到位并不容易，需要播音主持人不断地学习专业知识和实践。网络媒介的迅速发展对于播音主持人来说是机遇与压力并存，甚至是压力大于机遇。在新旧媒体的博弈竞争中，播音主持人不仅要考虑网络中内容的不断创新和媒体的有机整合，还需充分认识到网络节目播音主持人作为节目的核心在节目的发展中起着重要的作用，从而使网络节目播音主持人的形象塑造成为各媒体的首要目标。

网络媒介的传播形式与以往大不相同，网络节目播音主持人应该是这个环境下的"全能玩家"：能够充分了解社会热点和网民的动向，与观众进行高效互动。这就迫使网络节目播音主持人在具备专业素质的同时，还要善于利用互联网平台，用互联网的思维跟上时代的步伐。这就要求网络节目播音主持人必须善于利用互联网获取日常生活中最新的热点信息和一些网络流行事物。例如，在互联网信息高速传播的时代，每天都会出现大量的网络关键词，网络节目播音主持人要具备专业性的媒体批判能力，善于遴选、提取各种热点中的精华部分。

从传播学和心理学的角度来看，网络节目播音主持人的整体形象包括内部形象和外部形象两部分。内部形象即从生活观、世界观、价值观的角度来看，包括个人修养、文化素质、内涵等；外部形象包括服饰、发型、妆容、肢体语言、有声语言与无声语言的统一等，都向受众传达着一定的信息，这对播音主持人提出更高、更严的行业标准。

三、网络播音主持事业的发展路径

（一）形象和体态语有效结合

在网络节目中，主持艺术包括各个方面，体态语也是节目主持艺术的一种。体态语代表着播音主持人的形象，体态语和形象的有效结合不仅能增强网络节目主持的个性化表现效果，也是个人魅力的体现。

首先，要注意眼神的运用，做到目光合理。眼睛是传递信息、表达感情的重要媒介，播音主持人要充分利用眼神和观众进行互动，提高和观众之间的默契度，也能让观众感受到亲和力。

其次，面部表情的变化要张弛有度。根据不同的节目效果表现不同的表情，搞笑的节目表情可稍微夸张，严肃的节目要注意表情管理。但注意不要为追求节目效果滥用表情，过分夸张的表情不仅会引起观众的反感，影响节目效果，也会使播音主持人的个人魅力大大降低，得不偿失。

最后，播音主持人对姿态也要加以控制，适当变换姿态更能增强节目的趣味性。

总之，网络节目播音主持人对体态语的应用要根据整体的节目基调理性地控制和合理地把握，提高观众的好感度，防止节目变成播音主持人的秀场。通过个人形象与体态语的有效结合增强和观众之间的沟通，保证节目开展顺畅。

（二）不断积累网络直播工作经验

播音主持行业从业人员需要认识到网络直播环境对于整个行业的冲击，因此有必要在网络直播环境下加强对各种播音主持节目形式的了解，以适应从传统媒体向网络直播平台的角色转变。例如，播音行业工作人员可以通过兼职方式在不同网络直播平台上进行网络直播，积累不同平台、不同类型节目的播音主持经验，使自己可以接触到更多不同人群，以提高自身工作能力，适应网络直播环境下播音主持行业的转型发展。

（三）充分利用网络媒体平台

有业内人士提出过"电视既是网络，网络更是电视"，不仅体现出网络电视的优势所在，也指出网络媒体和传统媒体在电视、视频领域的互联互通。目前绝大部分电视节目基本上都可以在网络媒体上看到，使用网络媒体观看电视节目、视频、直播的人逐年增加，呈上升态势。网络媒体在各种传播介质中最具传播魅力。

因此，充分利用网络媒体展开创新发展，是播音主持行业做强、做大的唯一途径。网络媒体有两个重要优势：一是即时评论，二是互动性强。利用这些优势展开互动的播音主持人才是时代的弄潮儿。

例如，在腾讯体育NBA比赛直播节目中，播音主持人王猛提醒观众通过用"腾讯体育"手机APP留言、为喜爱的球队投票等功能参与NBA直播节目互动，赢取奖品大礼包，极大地提高了观众参与度。这种将传统媒体与网络媒体相融合、充分利用网络媒体平台的成功案例比比皆是。

（四）完善网络播音主持人资格认证机制

在我国市场经济不断发展壮大的环境下，网络媒介平台作为一个具有商业性质的利益团体，常常以网络上的火爆流量为商业导向，以获取更多的经济利益为目的，从而导致了各类网络节目价值观混乱、新媒体平台播音主持人的聘用机制不规范等问题。殊不知，任何一个行业的资格认证管理都是极其必要的，它限定了行业从业者的准入门槛，是保证整个行业高水准发展的基础。正如广电总局在2015年下半年出台了播音员和播音主持人持证上岗的基本政策，需要相关人员同时具备播音主持人资格证和普通话水平等级证书。这便能够在一定程度上对播音主持人语言规范化使用水平进行考核，也是传统媒体中播音主持人从业上岗的硬性规定。同样，传统媒体播音主持人持证上岗的规定也能给网络播音主持人聘用机制规范化发展带来一定的启发。

首先，我们应该努力去完善网络节目播音主持人从业要求的一系列规章制度，把网综节目播音主持从业者凝聚在一起，将其作为一个组织、一个群体来对待，这样便可以更好地进行规范统一的管理。正如我们所知，有了完善的资格认证机制便有了明确的行业标准，社会上一些想要从事网络主持工作的人就可以按照相关规定进行认证报备。网络播音主持从业者的整体专业水平也会因为播音主持人资格认证机制的完善而显著提高。

其次，完善的资格认证机制会对播音主持从业者的专业素养和道德水准进行硬性要求，这便能保证播音主持人不断加强学习，增强自身的语言规范意识，确保播音主持从业市场的积极蓬勃发展。不仅如此，我们还应该从在校学生的素质教育阶段开始积极宣传普及网络播音主持人的资格认证机制，让更多社会群体改变原有认知，重新正视网络播音主持从业市场的规范化运营。任何一个行业如果没有完善的资格认证机制，那么它未来的发展一定是混乱的，对于网络节目播音主持从业市场来说更是如此。

网络播音主持人的资格认证机制可以作为培养和引入优秀网络播音主持人才的一个明确且具体的依据，网络平台不能仅从播音主持人的外貌形象或流量的多寡出发来决定用人与否，也要在播音主持人的普通话水平、学历、道德水准等相关基础从业资格上进行严格把关。文化管理部门应该用一系列规范的资格审核认证机制为网络主持行业设立门槛，在社会层面广泛挖掘新媒体人才，引导网络主持从业者踏实学习，坚守正确的价值观，也将在不知不觉中培养出网络节目播音主持人规范使用语言的好习惯。

（五）完善对网络播音主持人的反馈和考查机制

与传统的电视节目不同，网络节目的观众可以轻而易举地参与到节目当中，通过在网络平台上弹幕留言等方式来表达自己的实时感受，在观赏精彩节目的同时为节目制作单位提供直观的信息反馈。从受众角度看，受众的活动包括选择与接收信息、解析信息和再传播信息三个基本过程。

新媒体环境下，受众不再单方面地被播音主持人以及节目内容所影响，二者之间已经是彼此作用且互相影响的平等关系。受众要对播音主持人在网络节目中的话语表达和行为表现有着正确的认知，不能盲目地进行个人崇拜，一味地相信个别节目中不当的价值观，而是要发挥高度的参与性，提高个人的审美水平，肩负起对网络节目进行道德监督和水平检测的责任。各大视频网站平台在节目的筹备环节就应该积极与社会层面上的各大专业语言机构进行合作，对一线网络节目播音主持人进行实时指导，评判主持备稿中一些词汇的使用和表达是否合适。在节目播出后也要加强专家、学者以及节目观众对播音主持人的语音面貌和体态语言的重点把关与监测，逐步建立起完善的反馈及考查机制。网络平台承担着向国家、社会和公众传播正能量文化的使命，网络节目也是建设文化强国的一股新生力量。塑造网络节目正确健康的价值观、提高网络主持行业的专业水准同样是当前任务的重中之重，要把网络节目播音主持人的语言失范情况也纳入网络节目考核范围之内，不断推动网络节目市场的规范化发展。

　　网络平台应当完善自身反馈及举报机制，积极发挥新媒体优势，加强舆论引导，用网络反馈渠道督促播音主持人改正自身问题，努力成为引导大众、弘扬社会主义核心价值观的关键力量。不能因为网络平台的开放性，相关监管部门便放松了对网络市场的监督管理，反而我们要清醒地认识到网络平台对受众产生的影响已经越来越大，更要加大整个网络市场的监管力度。

　　目前，很多网络节目制作方都运营着微博、抖音等新媒体官方宣传平台，节目组在宣传自身节目内容以及品牌特色的同时，还要积极评估和处理受众在平台上的留言等反馈信息，及时调整节目中仍须注意和完善的地方。网络节目的反馈和考查机制逐渐完善起来，对于播音主持人和受众来说是两全其美的，二者在互动的过程中能够共同进步，最终促成大众文化审美水平直线上升的趋势。而大众文化素养的提升会对网络节目的文化水准要求越来越高，也将不断促使网络节目播音主持人规范使用语言。

第三章　播音主持的创作分类

新兴媒体技术和平台的出现，对于播音主持从业人员而言既是机遇也是挑战。这就要求播音主持从业人员应充分抓住时代发展的机遇，积极融入新媒体的时代浪潮中，多元化发展创作样态，以受众喜闻乐见的形式来开展电视新闻的播音主持工作。本章分为播音创作分类、主持创作分类两个部分。

第一节　播音创作分类

一、新闻播报

（一）新闻消息

消息的特点是短小精悍，只简短地描述大致情况，其主要功能是通知和告知某个时间或某个对象的情况或动态。

播报新闻消息就需要具有较强的新闻敏感性，表达事实的态度必须是客观准确、实事求是的。新闻的真、快、新的特点使得新闻播报的语言以叙述、报告为主，以实声为主。只有风格朴实大方、节奏明快稳健、重音突出准确、停连合理得当，才能给人以真实感和信任感。

新闻消息播报应该注意寻找和把握新闻的新鲜点。新鲜点主要存在于新闻要素中，它是消息播报的重要依据、创作过程中的表达重点。主持人的政策观念、新闻敏感度、知识结构决定着其对新闻新鲜点的把握程度。从表达手段上来看，新闻消息播报的重音准确、停连严谨、语气稳重、节奏明快。

新闻消息播报还具有表态性，所以要注意把握好分寸。我们说的"客观"是指对事物本质的客观认识，我们的表态是基于这种客观认识所产生的恰如其分的态度。面对客观事物的变化，没有态度或无动于衷反而显得脱离实际，故作姿态会显得不够真实。

（二）新闻通讯

新闻报道通常分为消息与通讯两类。对于消息而言，业界一般认为，记者不应当在报道中加入自己的观点，但可以通过对事实的选择性报道较为客观地传达观点；而就通讯来说，在客观真实的基础上适当地融入一些情感色彩，可以使得文章更加生动形象，增强可读性。人都具有主观性，如何平衡人的主观能动性与客观性的新闻写作要求，十分考验记者的写作能力，尤其是在塑造人物和表达情感的人物通讯中。因此"真实生动，感情饱满，以情感人"是通讯播读的重要特点。新闻通讯是用形象化的手法报道新闻事实的一种文体，具有很强的描绘性和抒情性。新闻通讯播读在准确、鲜明的基础上，比较强调表达的生动性。

（三）新闻评论

"是非分明，逻辑严谨，以理服人"是新闻评论播读的主要特点。新闻评论主要运用叙事说理手段，通过对事件或问题的深刻分析，阐述对该事件或问题的见解或主张。评论的核心问题是论理，根本目的是揭示客观事物的本质、指导人们的行动。新闻评论的内容主要是对当前实际工作的指导性意见，政策性比较强。在论述某种观点、分析某种现象的时候必须做到心中有数，熟悉相关的政策，这样才能在语气上把握好分寸，增加对实际工作的指导意义。

评论播读态度鲜明、分寸得当、质朴庄重，在表达手段上表现为重音坚实、语气肯定、节奏稳健、张弛有致。论证方法要了然于心，这样论证才能有力，论点、论据才能清晰准确，从而达到以理服人的播读效果。

（四）电视新闻片解说

电视新闻片解说，就是给电视新闻现场图像配音。电视新闻片声像结合，以画面为主、声音为辅，声音是用来补充说明画面的。由于声像结合的关系，解说语言具有跳跃、插入、领起等特点。

解说语言是为了说明画面的，所以语速应随画面的变化而变化，强调与画面的和谐与统一。画面无法表现的内容往往是语言表达的重点。电视新闻片解说仍然服从新闻的基本要求，语势不宜夸张、语气比较平稳、语流需要畅达。

（五）电视专题片解说

电视专题片以真实性为基础，由于它不像新闻片那样强调时效性，所以制作上比较考究，具有比较强的艺术表现力。所以解说语言也需要与之相适应，语言表达讲求细腻、生动、具有感染力。在吐字发声方面的特点一般表现为：强控制、弱发声；唇舌力度大，吐字灵活、集中，不跳脱。从语流形态看，始终保持畅达、连贯，有明显的推进感，起到烘托画面的效果。

在与镜头画面配合时，解说还要和音乐、音响、画面变化节奏相吻合，与镜头的运用方式、景别、场景相适应。电视图像的组合有一定的讲究，体现着不同的含义和情感，解说语言应与之配合。如远景显示开阔、中景表现实感、特写突出内涵；仰拍意在褒扬、俯拍表示贬斥……画面节奏的变换和音乐气氛的烘托都营造了不同的意境，解说语言需要细腻地同步表现出来。当然，并不是说每个镜头都必须严格对应，而是要求在重点和特色部分着意加以表现。

二、文艺演播

（一）记叙文

记叙文，通常理解为它是以人物和故事为核心基点的叙事性文本。从作者创作的角度而言，记叙文是通过一定的写作手法去刻画一定的人、事和物，通过叙事表达自己的思考，能够给读者以启迪。记叙文包括散文、寓言、故事等文学体裁。无论是记人、叙事还是写景、状物，作者总是有感而发，抒发自己真切的感受从而给人以启迪。朗读记叙文时要求叙事抒情、因事明理、语气自然、节奏舒展，在朗诵记叙文时应注意以下技巧。

1. 美化朗读发声的技巧

人的口头发声不仅仅依靠声带的震颤来实现，还涉及与之相关的其他人体器官和组织，而有效发挥它们在朗读时的作用，有助于提高朗读发声的质量，起到优化朗读效果的作用。而美化朗读发声的技巧包括运气发声、共鸣发声、吐字发声的方式方法。

（1）运气发声

朗读是对语音进行处理的艺术。处理一连串复杂变化的语音需要以科学的呼吸控制方法为保障，否则就不能做到自如地进行语音表达，也无法保持长时间的良好的朗读状态。与朗读活动密切相关的器官有呼吸通道、胸腔、膈肌和腹肌，通过体内膈肌和腹肌等肌群的相互配合与作用，胸腔进行扩大或缩小，产生了呼吸运动。我们日常使用的呼吸方式主要有胸式呼吸、腹式呼吸以及胸腹联合呼吸。使用胸式呼吸所吸的气息量较小，发出的声音轻而飘、细而弱，这样的呼吸方法属于一种浅呼吸；腹式呼吸则是一种深呼吸，使用这种方法吸气量较大，但声音低而沉、粗而闷；胸腹联合呼吸是以上两种呼吸方式的结合，因为调动了多种肌群控制气息，容易发出稳定、响亮的声音。

在朗读时应把握好呼、吸及对二者的调节。吸气要深，感觉气息下沉至肺的底部，胸部扩张，腹部涨满，肌肉收紧；呼气应始终收紧胸腹肌群，徐徐放出，不能一泄而出，更不能一泄到底，要做到持久稳定。在朗读时还应及时换气调节，熟练迅速地换气是新的一轮吸与呼的开始，一般停顿时间较长的地方要注意换气，如一句、一段的开头和结束。如果要保持某种强烈的语气或情感，一个长句之间有时也必须注意换气，因为时间短促，换气要做到迅速、不着痕迹，就需要迅速收放胸腹肌群。一般换气时要尽量吸足，所吸气体不足会导致朗读的状态难以为继或频繁呼吸，反而会造成朗读时的气息失调；如果所吸气体过满，则会导致气息上溢、难以下沉，同样会影响对气息的自如控制。

（2）共鸣发声

朗读中的发声与平时说话的发声有着较为明显的不同，平时说话是因声带振动发出的"本真"的声音，当然也会产生共鸣的效果。但这种共鸣一般不需要通过意志来控制，是随着个人口头表达的行为而自然产生的。而朗读时的发声则应科学掌握共鸣发声的方法，有意识地调控共鸣的效果，从而最大程度地美化朗读的音质。

具体来说，控制口腔共鸣要注意通过拉颧肌、启牙关、挺软腭等行为使口腔空间打开，为朗读发声提供共鸣的场所。拉颧肌使得鼻孔稍微张大、口腔空阔，有宽展的感觉，注意嘴唇特别是上嘴唇要贴近牙齿；启牙关就是抬起上腭，左右面颊肌肉向外侧绷开，保持一定的紧张，这时上下槽牙会有两颊内侧肌肉垫靠的感觉；挺软腭可以通过半打呵欠的行为来感受，主要为增大口腔靠后部位的空间，以及缩小鼻咽声波的入口，避免形成较重的鼻音。此外，下巴要注意放松，向内微缩，避免较大幅度的活动；如果用力收紧会使得咽喉紧张，致使气息与发音一定程度上受阻。控制胸腔共鸣要注意将舌头向后下方缩，打开喉管，男性喉结会稍微下移，发音时便会显得深厚而沉稳。控制鼻腔共鸣要注意将软腭抬起，舌头放平，发音时好像将声音含在舌头上，使气息尽量从鼻腔出来。

（3）吐字发声

学生在朗读时往往发音不够清晰、饱满、响亮，影响了声音的美感，也弱化了朗读的表现力，这与吐字发音技巧的掌握程度有关。汉字的音节分为声母、韵母、声调，韵母又可分为韵头、韵腹和韵尾。吐字发声即读完一个字的过程，包括出字、立字、收字。出字主要是一个字音中声母和韵头的发声过程。在具体发音时要注意找准发音部位，把握好气息的强弱和运行，如"duan""tuan"两个音节，其声母都是舌尖中、清、塞音，在发音时"d"的气流要收住，只是较弱的气流通过舌尖的阻挡发出；而"t"则气流较强，有明显的气流冲破舌尖阻挡突然发出的感觉。又如"nuan""luan"两个音节，其声母都是舌尖中、浊音，但"n"是鼻音。"l"是边音，以软腭的上升、下降使鼻腔通道关闭、打开，气流通过不同的运行轨迹而发出不同声音。此外，出字时，声母和韵头应作为一个整体同时发声，而不能分解开来。立字主要是字音的韵腹的发音过程，一个字的发音能否做到"字正腔圆"，与立字是否能够"到位、立体"有密切的关系，也就是口部发音器官组织能否协同运行到位。

2. 处理文本语言的技巧

"缀文者情动而辞发"，作者在写作时将内在的情意寄托在文字之中，而朗读者则需从文本的字里行间领会作者的情意，并以朗读的形式将其贴切地传达出来。要使这种"变文为声""以声传情"的活动富含感染人心的艺术魅力，重点须掌握处理文本语言的朗读技巧。

重音，即朗读时句子中需要强调或突显出来的词或短语及音节。重音的选择和确定本质上涉及所在句子的表达目的和情感，需要朗读者在深入上下文语境、感受句子情意的基础上把握。因此不能仅仅认为重音是字词读音上的加重，字词本身读音的轻重只表示音强，不表示意义。

停连，即朗读时语流中声音的中断和延续。声音中断的地方就是停顿，而声音延续的地方就是连接。在一篇文章中，段落之间、段落的层次之间、句子之间、长句内部的短句之间，甚至句子中的短语、字词之间都会存在朗读的停顿与连接。朗读的停连涉及文本表达的情意，还关乎朗读者与听众生理与心理的要求，但根本上取决于文本中作者的情感、目的，以及朗读者对文本内涵的理解程度，或是朗读者以朗读对文本进行二次创作的需要。

语气，即朗读时结合了文句的思想态度、感情色彩及其程度因素的内隐的情意，以及快慢、高低、强弱、虚实的外显语音形式的整体呈现。"语气"中的"语"指有声语言，"气"指支撑"语"的气息状态，是语句的气韵。所以，朗读要达到形神兼备效果，必须在朗读中做到以情用气、以情带声，还应强调音由意转、气随情动，最终体现出以气托声，以声、气传情的效果。值得注意的是，把握语气绝不能以字词为单位，而应抓住以语句为单位的具体情感，否则就会产生"见字生情"的朗读情况，导致情感语气泛滥。

语调，即朗读时语气中快慢、高低、强弱、虚实的外显语音形式的总和。"语调"中的"语"不是"词语"，而是"语句"的意思。语调不是字调、词调，也不是字词的声调，甚至不能仅仅认为其是上升、下降、平直的声音特点。语调因语气的变化而丰富多彩，使朗读摇曳生姿、富有情韵。语调只有结合了语句中的情意才会有生命和精神。如语气词"吗"，声调是阳平，但在不同的文本环境中却可以表达"疑问""惊喜""气愤"等情感。若硬性规定文本中某种语句语调的读法，则无疑是要不得的。

节奏，即朗读时朗读者根据文本的情意，由内心情感的起伏而形成的轻重缓急、抑扬顿挫的声音形式的回环往复。立足于文章的整体是把握节奏的基本要求，对节奏的把握还应关注整篇文本中主要语句的朗读语势，以及段落、层次、句子，甚至是字词之间等上下文语意所要求的朗读节奏的转换。朗读的节奏因文本主要语句在语流中产生的相似语势的原型，形成语音形式的前后重叠，从而得以具体显现；因上下文的承接和转换，形成语音形式的交错互生，从而使之获得整体呈现。

（二）诗词

中华古典诗词是我国文学史上的瑰宝，语言凝练，意蕴丰富，节奏鲜明，韵律和谐，一直受到朗诵者的青睐。通过朗诵诗歌可以感受到"兴观群怨"，可以陶冶性情，可以提升审美水平。现代诗歌充分尊重诗人的自由表达意愿，将自我表现得淋漓尽致，充分体现作者对世界、生活及人生的审视与反思。在朗诵诗歌时应该充分考虑诗歌的文体特点。

1. 准确把握诗歌的韵律美

中国的古典诗词大多韵律优美，词的韵律主要体现在韵脚和平仄两个方面。首先在朗读前先找到韵脚，并思考韵脚的处理方式，韵脚的朗诵应该注意节奏和音调的变化，但这不是唯一的规律，不必做到所有的韵脚都刻意地强调。

2. 感受作品的意境美

无论是中国古典诗词还是现代诗词，都讲究入景入情入境。诗人在创作中将自己的情感融入文章的意象当中，朗诵者通过深挖文本意象，最终走进朗诵者创设的意境当中。诗歌的意境往往不是热闹的、激烈的，多为平淡的、自然的、质朴的，是诗人慢慢营造出来的，这样才耐人寻味。

首先，在朗读前应找到诗歌的意象，它们是寄寓了作者浓厚感情的物象，这些意象起到了烘托氛围、奠定情感基调的作用。比如，柳永的《雨霖铃》中的"寒蝉凄切，对长亭晚"奠定了忧伤凄凉的感情基调。其次，要注意作者寄寓在文章中的情感，找到"物与志"的契合点；意象构成一幅幅生动的画面，而这些画面具有强烈的艺术韵味。

3. 确定朗诵节奏

古代诗歌节奏鲜明，多为五言或者七言，在处理节奏时应根据意群进行划分。比如，"杨花落尽子规啼，闻道龙标过五溪"可处理为"二二一二"节奏，还有"潮平两岸阔，风正一帆悬"处理为"二三"或者"二一二"。

现代诗歌的节奏也比较鲜明。一般来说，这与诗歌的情感有关系，如果诗歌表达的是快乐的情绪则语调较高，忧伤难过则声音较为低沉。以《乡愁》为例，在朗读这首诗时，初步判断这首诗歌的感情是忧伤的，所以声音应该低沉，语速舒缓而深情。在朗诵这首诗时应该注意并列性重音的使用，如"小时候""长大后""邮票""船票"这些并列性词语，在朗诵时情感不应该直接奔涌而出，而是有一个循序渐进的过程，读出作者在不同时期的心理状态。

（三）小说

小说是反映社会生活的一种文学体裁，主要通过刻画典型人物的典型性格来反映复杂的社会生活。小说主要交代的是个人所处的环境及故事的情节等。

1. 根据人物性格特点，感受个性化语言

小说中的人物都是鲜活的，他们推动了故事情节的发展，同时也映射了一个时代的精神特征。作为朗诵者要关注到小说人物的个性特征，如喜好、性格、品质、思想等。另外，也要抓住人物的外貌、动作、语言、心理活动，这些生动的表述使得人物更加的丰满立体。

2. 把握全文背景，加强环境渲染

小说中的环境包括社会环境与自然环境。环境描写的作用是烘托氛围、推进情节发展、深化主题。在朗诵中，清晰准确地交代社会环境、生动地描绘自然环境会让朗诵者更快地进入情境之中，使塑造的人物形象更加立体，也更能读懂小说的主人公。当然，朗诵前应该关注到社会环境即文章的时代背景，不同的文章反映的是特定时期的社会风貌、自然风光等，只有在了解时代背景的基础上才能更好地把握社会环境与自然环境。在朗诵环境描写时，要根据不同的环境有针对性地选择内外技巧。比如，小说中对于环境的描写多为叙述性文字时，语气应该客观公正，尽量不掺杂自身的情感；在朗诵一些特定时期的社会环境描写如战争、过年等时，要适当地调动自身以往的经验，在语言的感情色彩上下功夫。描写过年的场景应该语速较快、表达流畅，体现过年的祥和氛围。总之在朗诵环境描写时，应当根据不同的场景做个性化的处理。

（四）文艺解说

文艺解说主要是指对电影、戏剧、广播剧以及歌曲、音乐、戏曲等的介绍的播音。文艺解说要求对所介绍的文艺作品的内容、主题、艺术形式、特点风格有深刻的了解，按照作品意图展开形象思维，并贯穿文艺解说的始终。它要求解说语言及感情表达与作品的格调、气氛完全一致，使节目和谐统一。文艺解说的语言表达样式包括介绍、讲解、抒情、描写、议论、评价等。由于解说语言要和剧中的剧情、内容、音响、音乐等协调配合，所以要注意把握语言的隐入和隐出。解说语言始终要处在"配角"的位置上，发挥烘托和说明的作用，切不可喧宾夺主，影响原作的统一和完整性。

在文艺解说中，语言基调要随着剧情的变化而变化，同所介绍的内容完全吻合。既需要对整部作品总的基调进行把握，也需要在剧情发展过程中灵活变化。当以录音素材为主时，解说语言处于从属地位，为其铺垫、引路，或是解释说明，语气、节奏可较为平淡、和缓，只要适应录音素材的情绪变化就可以。在以录音素材为主的情况下还可以进一步区分，一般来说，解说的语言先于录音素材的起铺垫、引路的作用，后于录音素材的则起解释说明的作用。

三、生活服务

（一）专题

它主要是指知识类、服务类稿件的播读。它不像通讯播报那样运用以描述为主的语言去塑造生动的形象，表达某种思想感情，也不像评论播读那样以评述性的语言去论证某种事理，表明态度和观点，而是主要通过说明性的语言向人们介绍事物的特征及其规律。知识类、服务类稿件的语言表达要亲切自然，根据具体的对象运用适当语气，以增强交流感。这类节目的朗读语言都需要讲求科学性和条理性，用比较清晰的思路阐述事情的来龙去脉，揭示其中的奥妙和规律，以诲人不倦的态度来提高人们认识事物、辨别是非、预测未来的能力。这类稿件的播音语气是诚恳的，节奏是稳健的，多用比喻性重音和判断性停连。

第三章 播音主持的创作分类

（二）广告

在"互联网+"、4K、5G、AI共同发展的时代，广播、电视业态在悄无声息地发生着巨变，新媒体、自媒体平台如雨后春笋般涌现，给传统媒体带来了巨大的挑战。面对挑战，播音主持人需要具备创新意识、胆识和实力。现如今，广告已成为广播电视不可或缺的一部分，广告时长短，要注意在短的时间内突出宣传效果和具有一定审美性，对广告商和受众有所交代。因此，重视、研究、探寻广告播音艺术，掌握广告播音艺术的技巧，是播音主持人应该注意的，这有利于促进广播电视的发展。

广告语言简练、生动，根据广告的总体宣传要求，必要时运用渲染、夸张、表演等多种语言造型手段来树立广告商品的形象，刺激人们的消费欲望。同时广告还起到一种促进新的消费观念产生、改进生活方式的作用。广告语言的艺术性丝毫不亚于任何一种艺术语言的要求。

（三）气象播报

1. 语言符号特点

气象播报的语言符号是指气象播报节目所需要的口播稿和配音稿。气象播报节目的语言符号即天气预报节目的口播稿和配音稿。与配音稿相比，主持人在气象预报口播稿中的发挥空间更大，下面将重点分析气象新闻主持人的口播稿。

第一，要根据气象背景正确掌握气象资料的要害，并在需要时进一步深入地访谈气象预报员。预报员的预报内容主要是天气现象、温度、风向、风力、能见度等，主持人应具有较强的新闻敏感度，在撰写节目稿件时应充分考虑到大众对未来气象资讯最为关注的内容。对预测内容不详细的部分，要及时询问天气预报员。第二，新闻报道的内容要有条理，要通俗易懂，要让听众听得懂。第三，节目稿件的内容要尽可能地融合地方特色，多注意天气和日常生活中的一些小细节，以吸引观众。

2. 类语言符号特点

（1）重音

尽管气象预报节目预报的是自然科学性很强且极具客观性的口播内容，但在播报时仍然要注意轻重缓急。张颂教授曾经说过："一篇稿件，是由许多表达独立意思蕴含一定感情的语句构成的，语句中的词或词组并不处于完全并列、同等重要的地位。而在这些句子里，有些是重要的，有些是次要的。在广播中，为了突出、清晰地传达特定的语言目标和特定的思想情感，就会突出重点。我们着重强调的词或词组，就是重音。"

从重音的含义可以看出重音是为突出和明晰语言目的服务的，重音的确定建立在对稿件的理解和表达的需要基础上。要注意重音不能过多，过多则使语言生硬呆板。更不能脱离稿件内容，盲目地根据个人语感或程式化地套用固有模式。

（2）停连

停连即停顿和连接。播音中停顿连接的目的是服务于稿件内容表达的需要，使语言链条更清晰、意义更明确。

气象播报节目中的停顿主要是为了留给观众反应的时间，使语言条理更清晰；而连接主要是为了使相同意群连接更紧密。气象播报口播内容中常常涉及天气现象、温度、风向风力的预报。比如，在副热带高压影响下或在冷空气到来时，天气现象、温度、风向风力都有可能发生明显变化。当同时提到三者需要引起观众注意时，一定要注意停连的运用，使层次清晰、语意明确。

（3）节奏

节奏是有声语言运动的一种形式。在播音中，节奏应该是由全篇稿件生发出来的、播音员思想感情的波澜起伏所造成的抑扬顿挫、轻重缓急的声音形式的回环往复。气象播报口播中主持人需要通过节奏形成对比，通过高慢重和低快轻的区别与反差让听众获得信息传达的重点和深层含义。

3. 非语言符号特点

（1）表情

气象播报节目服务性的特点要求主持人的表情要以自然真实为主，不能过度丰富和过分夸张，也不能面无表情或冷漠呆板。要以微笑的、平和的表情为主，注意和观众的眼神交流，让眼睛成为心灵的窗口，辅助气象信息的传递，更准确地表达语言的重点和意义。比如，在提示重要的天气变化和注意事项时，眼睛可稍微睁大，眼神更加专注，以引起观众注意。

（2）体态语

各地市气象播报节目的口播都是在虚拟演播室内完成的，主持人通过和虚拟背景的配合完成节目主持工作。主持过程都采用站立的姿态，很少走动，主持人的体态语主要体现为胳膊和手部的动作。

气象节目主持人和虚拟图片的默契配合是气象播报节目的一大特点。而做到和虚拟图片的默契配合既要求主持人熟悉图片位置，也要求主持人上肢动作协调。

在体态语的表达上，要避免为了做动作而做动作，要做到动作为信息传播和意思表达服务；气象节目主持人体态语不能太多，太多会给人不稳重、琐碎的感觉，分散观众的注意力；也不能太少或没有，太少又让人觉得拘束不自然。气象节目主持人在体态语的把握上要注意好度，恰切到位的体态语不仅能增强传播效果，还能拉近和观众的距离，增加主持人的亲和力和亲切感。

（3）妆容和服饰

一款完美的妆容及恰当的服饰，不仅能够体现主持人尊重观众的职业素养、提升主持人的个人魅力，还可以增加一档节目的可看性和感染力。主持人的妆容和服饰不仅体现了主持人的个人修养和审美，也体现了节目定位和思想理念。气象播报节目作为传递气象信息、服务百姓生活的电视节目，受众非常广泛，涉及各阶层、各文化层次群体。这就要求主持人的妆容和服饰既要体现节目特点，又要朴实、大方、亲切，也要照顾到大多数观众的审美需要，衣服款式不能太过另类时尚，妆容要以自然真实为主。

第二节　主持创作分类

一、广播节目主持

（一）广播节目的特点

1. 语言生动

广播节目作为一种以声音为媒介的信息传播艺术形态，其相关的节目内容都是依靠声音的传播完成的。这就要求节目主持和相关的声音具有一定的生动形象性。在广播节目中节目语言的生动性主要体现在两个方面：一方面体现在节目主持人的语言生动化表达方面，如在主持节目的过程中较多地使用形象化名词，让受众能够从声音的传递过程中有更多身临其境的感受。另一方面生动的语言是指通过准确的词语运用，让故事中的事件生动形象地展现出来，呈现出带有动感的描述，让受众通过语言更真切地感受到事件的发生过程。

2. 深度解读事件

广播节目的内容多是对某一个专题内容的深度挖掘或解读，根据对某一类型事件的解读进行专题性的解析，以专业的视角为受众呈现真实的事件。在专题节目的内容呈现中并不要求有较强的时效性，与之相反的是节目更加追求社会文化的发展价值，从多角度对专题事件进行深入的解读，它承载着广播新闻消息的传递和深入透视功能。

3. 表现形式多元

广播节目虽然是通过声音来传递信息，载体相对较为单一，但节目的内容并不单一。它通过采用多种表现形式来传递信息，如采访、访谈、评价、评述、新闻报道、政策要求等形式，从不同角度、全方位、多层次呈现专题节目的主题，挖掘表面内容背后所隐藏的深刻内涵，从而带领观众更加深入地了解节目内容、掌握节目主题。

（二）广播节目主持的特色

1. "热点新闻"板块的拟态交流

（1）稳而不乱的情感把控

在广播节目的创作中，主持人可以根据节目内容的呈现需要融入一些个性化的情感，但情感的融入要建立在保持节目庄严性和严肃性的基础上，把握好情感表达的尺度。将新闻内容的真实性原汁原味地表达出来，情感的表达不能浮夸也不能过于含蓄。可以说，广播节目要在保证节目庄严性的基础上，进行稳而不乱的情感表达。

（2）突显主题的播报技巧

在广播节目的创作中，主持人作为节目板块的衔接者，应当对节目相关人物的情绪及时间进度有一个整体的掌控，围绕节目的主题有组织、有节奏地进行话题的播报。如何把握节奏、突显节目主题也是节目主持工作的重中之重。巧妙地运用播报技巧对于广播专题节目十分重要，节目中的播报技巧主要是对象感的体现、情景再现的掌控。

（3）分寸得当的口语表达

广播节目中主持人的口语表达是否得当直接影响到节目质量甚至决定着广播节目的成败。广播节目内容的口语表达不单单是指简单的新闻播报，而且还针对相关主题进行系统的评述和分析，相关的口语表述也要求主持人把握好表达的分寸。这就要求节目主持人在善于观察的同时，保持一定的政治敏锐性和独立思考的能力。

2."讲好故事"的语言风格
（1）"总结式"话语精简干练
广播节目主持人在进行相关内容评述的过程中要注重语言的架构，节目中完整的故事讲述应该是内容、语法、词汇的完美结合。在早期的广播节目中，模式化的新闻播报方式缺乏灵活性，在内容上不够精简，直接影响了受众的认同度和节目的效果。

（2）"过渡式"话语通俗易懂
在广播节目中"通俗易懂"的话语表达是节目成功与否的重要影响因素。在内容表述的过程中主持人要秉承"讲好故事"的心态，就是意识到通过自己先于受众的认知清楚地把一些内容介绍给受众，在讲的过程中融入"过渡式"的话语，将节目中的重点拎出来，通过分析受众的兴趣点，将节目内容清楚、明了地"讲"给受众。

（3）"网络式"话语活学活用
在过去三十年间，传统的媒体传播居于主导地位，有着较强的"信息权威"性。伴随着融媒体时代的到来，传统媒体的主导地位正在发生巨变，甚至一时间网络直播平台、微博、抖音等融媒体成了信息传播的主战场，草根网民也有了自己的话语权，"网络式"的话语受到社会大众的一致认可。因此在传统的广播节目创作过程中，主持人要根据受众的需求和兴趣点不断做出语言风格的调整，在节目中活学活用网络式话语以增强受众的兴趣。

3."同期声采访"互动的热点呈现
（1）"第一人称"视角传达新闻内容
在新媒体时代下，广播专题节目中适当应用"同期声采访"方式能够在一定程度上提升节目的客观性和真实性，促进节目的信息传达。同期声采访作为一种特殊的信息载体，能够有效将新闻信息以被采访人的"第一人称"视角进行传递，将观众更好地带入新闻环境中，实现新闻信息与观众情感、认知的共鸣，对信息传达是十分重要的。

（2）"对话式"交流营造互动氛围
广播节目相比于电视节目，在传播效果上存在天然的劣势，那就是缺少"画面感"，不能从"视觉"角度与观众进行互动。因此，同期声的使用在很大程度上补齐了这方面短板，通过主持人与被采访人的直接互动交流，将观众最关注、最喜欢的问题通过对话方式提了出来，让观众在收听广播节目时有更强的代入感，同时也营造了节目的互动氛围。

（3）"准确定位"实现身份认证

广播节目也分为民生类、时事政治类等多种类型，而同期声的拍摄与使用，需要充分考虑节目的"身份"，考虑到节目的构架需求，考虑到节目的受众群体。这就需要确保同期声内容始终与新闻核心、新闻风格保持一致。

二、电视节目主持

（一）新闻节目主持要求

1. 丰富的经验与随机应变能力

对新闻播音主持人而言，丰富的播报经验能够提高工作效率，并节约听众的时间，而这种经验是需要长时间积累的。随机应变能力是对新闻播音主持人最基本的要求，当遇到紧急插播稿件情况时，必须在最短时间内进行插播。这不仅对播音主持人的专业能力具有较高要求，还是对其处变不惊的工作作风的一种评估。经验与能力可以直接决定新闻播音主持人能否胜任新媒体时代下的新闻播音工作。新媒体时代下的新闻播音工作是复杂多样的，因此，播音主持人必须具备丰富的播音主持经验、良好的心理状态及随机应变能力。

2. 政治意识与新闻敏感度

播音主持人需要将政治方向放在首位，始终坚持党性原则，坚持以正面宣传为主。在实际工作中需要准确判断客观事物，令新闻内容素材更加丰富多样。为向大众传播高质量的新闻内容，播音主持人需要具备较高的新闻敏感度，因此，主持人需要加强学习，了解市场各竞争主体的新闻特点，在彰显传统媒体的核心价值的同时，充分发挥新闻媒体的优势。

3. 个性化的主持风格

新媒体时代下，大众有了更多的选择，所以传统媒体必须提高竞争力。同时，播音主持人需要充分了解当下市场环境中大众的潜在需求，改进自身的播音主持方式，突显个人主持风格，防止节目主持风格与内容出现同质化现象，让大众获得耳目一新的感受，以此提高新闻节目质量。

4. 扎实的基本功

新媒体时代下，因为播音主持人所面对的工作环境更加复杂，需要在紧张的工作氛围中顺利完成有关的工作任务，所以他们必须具有较强的专业能力，主要包含了文字撰稿能力、逻辑分析能力、编导策划能力及现场主持能力等。唯有具有扎实的基本功,播音主持人工作时才能得心应手,高质量完成节目播报工作,获得大众的认可和喜爱。

(二)谈话节目主持要求

电视谈话节目主持人应该掌控节目,"掌控"意味着要创造一个独特的"谈话场"。通常来说,我们会将电视谈话类节目的谈话场与主持人的谈话场进行统一。本书认为,应该从以下两点来建构电视谈话类节目主持人恰当、准确的谈话场。

1. 建构主持人谈话场的恰当身份

我们不难发现很多节目的问世,是因为节目的主持人有独特的谈话场。如《鲁豫有约》这档节目,主持人陈鲁豫在谈话场中以"我不相信,真的吗?"的直白话语建构起独特的谈话场。这档节目不仅以主持人陈鲁豫的名字来命名,还以契合主持人谈话场为初衷,设置独立的演播室,邀请熟识的嘉宾。虽电视谈话节目中主持人一职由谁来担任,可能从节目创立之初就已然固定,或像《鲁豫有约》一样就是为主持人专门定制的,但主持人在谈话节目中不能单以"主持人"这一身份出现,因此,主持人在谈话场中应担任多种恰当的身份才能建构起正确的谈话场。

(1)放弃剧本,满足观众心理

无论什么节目,主持人都不应忽略观众。应该说,贴近民众所思所想对电视谈话节目而言是第一要务。主持人要自己找寻到与普通受众的连接点,与大家的忧、喜、悲、乐紧紧联系,不仅要情系于民,更要心想于众。电视谈话类节目主持人应该多以普通观众的视角来构思话题内容,将那些剧本性的内容放下,因为剧本性的内容往往会离间节目与观众、观众与主持人之间的关系。主持人在谈话节目中往往面对两种类型的对话者,一种是性格较为外向,面对镜头轻松淡然,还能对谈话场里的话题侃侃而谈的;另一种是性格较为内向,没有节目录制的经验,话语表达能力较弱的。面对这两种类型的对话者,主持人要有不同的交往方式。对第一种类型的对话者,主持人不需要花费太多时间就可以打开他们的话匣子,将谈话场自然而然地建构起来。而面对第二种类型的对话者,主持人往往需要花心思去安抚他们的情绪,或者是用他们熟悉的话题作为突破口,让他们主动交流起来。只有当对话者与主持人达成对话题的共识时,谈话场的建构才有意义,这样的谈话场才能满足受众心理。电视谈话节目主持人需要放弃剧本,构建与嘉宾、观众间紧密有张力的谈话场,要在与嘉宾的对话内容中打破"心理场"的桎梏,营造和谐、融洽的谈话场。

（2）放下姿态，使话语主体关系平等

对谈话节目主持人而言，不可将嘉宾、观众当成"工具"，面对嘉宾、观众时应以礼相待、以客相待。当他们感受到节目的诚意和尊重时，才能把内心真实想法表达出来。当然，放平姿态也不意味着要放低姿态去乞求对话者说出想法，而是从对话者的身份特点出发，以他们舒服的方式营造谈话场，以达到节目效果。

2. 延展主持人谈话场的话题

主持人要根据目前谈话节目自身特点重构谈话场。小屏直播、抖音、快手视频等使受众的观看喜好改变为短、快，收视习惯也从"第三在场"改变为"沉浸式"观看。所以，电视谈话节目应该将主持人对话题的第一"场"传播和现场观众的第二"场"传播延伸到观看节目的第三"场"里。本书认为，延展谈话场话题的方式有以下三种。

第一种是主持人可以在节目前期策划时，多从观众视角分析梳理现有的资料，通过整合、补充现有信息等方式寻找话题点。在谈话节目《我的青铜时代》里，主持人陈晓楠又一次成功出圈，将话题的热度拉满。节目里，罗翔老师少有地坦露了他过去的故事，陈佩斯老师动情地回忆起自己年少时期的往事。这一切都离不开主持人对各位嘉宾详细的个案分析和资料整理。

第二种是主持人可以在节目进程中听全、记全所有内容，提炼出话题核心。一般来说，主持人与对话者的前两个问题大多相同，无非是一些容易回答的问题，如"最近怎么样？""你当时对于这个事是怎么想的呢？"等。虽然这些问题容易被嘉宾接受，但是主持人更要仔细聆听嘉宾对问题的回答，才能找到有价值的"节目眼"，从而推动话语进程向前。主持人首先要对嘉宾所说的有总结性的内容进行认真记忆，在脑海中快速提炼要提的问题的核心点，注重关联现场、完成交流。其次是主持人要依据现场情况适度对嘉宾展开更深入的采访，例如，可以进一步询问嘉宾对有争议话题的看法。

第三种是主持人可以借助媒介环境，加深观众对于某个话题的认识。谈话节目与其他节目不同的是，谈话场景不要过度"设计化"。设置好一个适合的聊天场景不仅有助于谈话空间的延续，还可以让受众在观看节目时产生对媒介环境里特殊物件的兴趣，从而加深节目记忆。

（三）娱乐节目主持要求

相较于严肃的电视新闻、法制类节目，电视娱乐节目对于节目主持人的要求存在很大的差异：娱乐性电视节目要求主持人有更强的临场应变能力和稳抓节目核心的能力。

1. 临场应变能力要求

电视娱乐节目相比严肃的节目有更多的互动性环节，参与的嘉宾或者观众也存在着不确定性。因此，在节目的主持过程中，避免尴尬、化解节目录制中出现的意外状况成了电视娱乐节目主持人的必备能力要求。如何在复杂的节目录制中化解尴尬、让节目有条不紊地进行成了检验电视娱乐节目主持人专业能力的标准。

2. 稳定引导作用要求

电视娱乐节目的核心宗旨就是通过节目让观众产生共鸣，引导观众跟着节目的制作主线走，形成节目中主持人和观众的特殊情感维系关系。因此，在节目的主持过程中需要节目主持人充分发挥稳定引导作用，在节目的制作过程中有效推动节目的有序进行，发挥电视娱乐节目的正确引导、寓教于乐作用，吸引观众。

（四）专题节目主持要求

1. 以情感人，拉近距离

要在电视专题节目主持工作中体现人文关怀，首先要树立人文主义的理念，将以人为本、尊重他人、理解他人、关爱他人的人文精神内化为心中的情感。节目主持人和嘉宾交流的过程也是情感的传递过程，主持人的话语要有温度，通过和嘉宾间的沟通交谈建立一种相互信任的关系。在这样的基础上大家才能放下心中的戒备，抒发真情实感，让整个过程变得更有人情味。

2. 抓住重点，舍去繁冗

访谈节目主持人要控制与受访嘉宾之间的谈话尺度，在理性与感性之间做出选择，保证节目的顺利推进。在组织节目访谈的过程中，主持人要合理把控节目的整体基调，抓住节目的主旋律。一个被采访对象身上肯定会有很多的点值得主持人去挖掘，但是一期节目的时长是有限的，这就要求主持人在采访前做好案头工作，了解嘉宾的信息。最后结合本期的主题来进行问题的梳理，列好提纲，避免在正式采访时耽误时间，提高采访的效率。

3. 刻画细节，洞察人心

我们常说"细节决定成败"，在电视采访中也是这个道理。采访在电视专题节目中是锦上添花的一笔，要想做出一段有内容、有深度的采访，需要从受众无法直观了解到的角度出发，这样才能够出彩。一位好的主持人应善于捕捉语言访谈中的细节，以小见大更能够打动受众，所以我们要学会引导嘉宾说出故事的细节。

4. 语言精练，活跃氛围

在节目主持过程中，语言魅力的呈现是节目成功的关键因素。在访谈的时候，应该尽可能多地站在对方的角度去设身处地感受他们的情绪。这就要求主持人在主持节目的时候尽可能用心去聆听对方传达的信息，结合实际的情境去认真解读对方想要的是什么，最重要的就是措辞，也就是所谓的用语是否恰当。主持人一方面要尽可能考虑嘉宾的感受，另一方面也要给整个节目营造良好的氛围。这一切都要求主持人平常要勤练基本功，既要多积累，也得在节目中把握好度，让整个访谈过程轻松无压力，仿佛就像是两个相识很久的朋友在交谈。

三、网络节目主持

（一）风格需要多样化

在网络媒介环境中，对于网络节目主持人的具体要求，第一点是风格多样化。网络时代，各种各样的网络节目和电视节目层出不穷，这就意味着对主持人的要求更高了，其风格必须是多样化的，以便应对不同的场合、地点和的不同观众以及节目，根据节目的不同需要去判断自己应该以怎样的主持风格出现在大众的面前。比如，曾经火爆一时的网络节目《吐槽大会》，在这档网络节目中，许多非专业主持人也在履行主持人职责，如平时非常罕见的阎鹤祥和唐国强等艺人，他们本身是相声演员和影视演员出身，对播音主持这个行业并没有涉及。但是通过节目的播出效果我们不难发现：他们对于很多观众也是极具吸引力的。他们虽然没有完全承担主持人的责任，但是却发挥着主持人的作用，并且他们在节目当中所展现出来的口才和风貌，也让许许多多观众接触到了不一样的主持人形象，让主持人这个行业变得更加多样化，让许许多多投身到这一行业当中的年轻人有了学习的模板，同时也让观众知道了网络节目主持人这一行业所具有的网络时代下的多样化风格。

（二）文化底蕴须加强

文化底蕴须加强是针对网络节目需求而言的。随着网络时代的高速度发展，许多网民可在网上获取大量的知识，他们并不需要经过正统的教育就可以在某方面有着长足的知识累积，这就说明许许多多的网民在网络上是极具文化含量的。而现在我们所说的主持人需要具有一定的文化底蕴并非单指学历，还是指他们对网民所掌握的知识量必须有所了解，甚至要高于网民。

第三章 播音主持的创作分类

传统媒体平台中央电视台和网络媒介平台央视网同时播出的《中国诗词大会》的主持人董卿,她通过这档节目,彰显出落落大方、出口成章、温婉知性的才女形象,也收获了许多粉丝和观众。主持现场的她诗词歌赋信手拈来,名著典故脱口而出,一颦一笑、一字一句都散发着魅力。她所具有的知识储备量是依靠自身勤奋学习的毅力获得的。《中国诗词大会》的粉丝及观众经过此节目的熏陶,本身就已有一定的知识水平,甚至会被激发学习欲,从而再去追求更高档的节目。这就要求《中国诗词大会》主持人拥有更高的知识水准和更流畅的演说能力,这是一种节目主持人所必备之能力。文化本身并没有高低之分,但在节目的播出过程中会自然而然出现这样一种情况:如果主持人本身无一定文化知识储备量,很容易会遭到观众的嫌弃,甚至会被轰下台。因此,要根据不同的节目来分辨出所对应的观众的类型以及他们的知识量,从而确定主持人在这一节目中所要履行的职责,以及其所要展现出来的文化知识量。

文化底蕴深厚对网络节目主持人而言是极其重要的,尤其在当今的网络时代,观众是摸不着、看不见的,他们可以隐藏在暗处来评价网络节目主持人的外在形象及其文化素质所展现出来的个人综合形象。

加强网络节目主持人的文化底蕴首先应是主持人思维方式的转变。思维是文化观念、政治观念、经济观念、法律观念和伦理观念的综合体现,思想的转变与观念的转变密切相关,具有人文意识的人总是关注命运、生存方式以及人与环境的关系。优秀的网络节目主持人和观众喜欢的主持人的一个共同特点就是尊重自己,遵循正确的舆论导向,代表先进文化的前进方向。网络节目主持人在大众传媒中的重要地位和大众传媒中强大的社会影响力,客观上使网络节目主持人成为讨论权的主人。网络节目主持人对传播内容的筛选、取舍、传播形式的敲定以及传播中表达的观点和态度倾向,都可以成为公众进行判断的重要参照依据,最终影响社会群体结论的形成。网络节目主持人应在热情中保持传播者的理性与冷静,在不同意见中找到人文关怀的新闻点,在职业角色与社会角色的双重诉求中寻求平衡。

(三)魅力追求独特化

从众多知名主持人的经历来看,他们本身是通过长时间的累积才有了大量忠实粉丝的。而透过观众对其崇拜和认可发现,他们的主持风格和主持样貌是极具特色的,也就是说他们是具有独特魅力的主持人。比如,马东主持的《奇葩说》节目、华少主持的《中国好声音》可以说是家喻户晓、妇孺皆知的综艺节目,哪怕是在央视《挑战主持人》播出的几十年的时间中,马东依旧是主持人中的佼佼者。马东和华少在所主持的每一场节目当中,都起到了很好的调和现场主持人和受众之间关系以及对整场节目把控的作用。也因为他们有这样的能力,才能被观众认可、被导演认可。透过《奇葩说》《中国好声音》我们发现,马东和华少拥有独特的魅力。

第一点是他们有足够的知识储备量。在面对不同的演员、不同的主持人的情况下都可以做到游刃有余,并且能够做足功课,对每一位都了如指掌,可以和他们相谈甚欢,并且同时做到和观众互动。可以发现他们本身对主持人这个行业的规则和规律已经摸得通透,并且自身的素质也十分过硬,可以在这种场合中游刃有余,展现出他们独有的人格魅力。

第二点是他们反应速度极快且语言词汇量极丰富。他们在主持工作中并不是一帆风顺的,在某些节目中也会出现主持人和主持人之间产生矛盾的情况。当这些情况发生时,他们往往以最快的速度发现问题的症结所在,并且用自己的语言,寥寥数语之间将矛盾抹消或者压制住,让节目得以正常进行。也正因为他们具有这样的特质,所以他们在许多节目中可以做到将节目掌控于手心,完成主持人的职责。

第三点是他们具备很强的团体协作能力。虽然《奇葩说》以马东为主要主持人,但也是一档多主持人的节目。节目中每个主持人都有不同的职责,而马东在主持团队中充当指挥者的角色,他需要给每个主持人安排其在主持过程中的职责和任务,方便大家共同完成这档节目的主持工作。这说明他拥有着出类拔萃的领导力和协调团队的调控力,对整场节目的掌控也可以说是锦上添花般的存在。

第四章　播音主持的语体分类

所谓语体，是指一定语境中形成的运用与语境相适应的语言手段，以特定方式反映客体的言语功能变体。通过对语体的区分，分析播音主持不同样式表达的内在依据，明确播音主持创作主体的思维走向和感受。本章分为谈话语体、报道语体、政论语体三部分。

第一节　谈话语体

一、谈话语体概述

（一）语体

1.语体的概念及发展

（1）语体的概念

关于语体的概念，专家们对其定义不一。中国语言文学研究所教授李熙宗将其概括为以下几种概念：第一，强调语言本身物质属性的"语言特点体系说"；第二，重视由于受交际功能影响而形成不同言语风格类型的"语言风格类型说"；第三，因交际功能不同形成的语言变异的"功能变体说"；第四，强调具有不同语体色彩而形成的词语语类的"词语类型说"，这一早期定义虽有许多不足之处，但重视词语本身的语体特点对语体教学有着启发性意义，为语文教学中的语体学习指明了方向；第五，通过语言文字运用上所具的体制、格局、范式性来说明语体本质属性的"语文体式说"。

在以上分析的基础上，李熙宗总结了语体的定义：语体是在语言的长期运用过程中形成的与由场合、目的、对象等因素所组成的功能分化的语境类型形成适应关系的全民语言的功能类型。烟台大学人文学院教授丁金国认为，"语体"是在语言运用功能域制约下所形成的语用范式，并指出当前对语体意识从"学理"角度进行的研究还相当薄弱，在对语用事实进行描写的同时，加强理论研究是当务之急。复旦大学教授刘大为认为语体是一个双层结构体，由特定类型的言语活动对行为方式的要求及在实现这些要求的过程中所造成的成格局的语体变异，二者相互制约而形成。

在李熙宗的"静态"语体定义和刘大为的"动态"语体定义的基础上，丁金国讨论了关于语体研究的十个问题，提出了定义语体的目的是揭示语体的本质特征，以有效地服务于语言运用，以指导普罗大众的语用实践为旨归，突显的是言语运用中的动态态势，强调的是"言语运用""功能制约""表达方式"。语体是实现人们在直接交际中的最原始、最基本属性，用语言来表达或确定彼此之间关系和距离的一种语言机制。

根据以上几位专家的研究我们可以得知，语体是在一定的语言环境中形成的、对语言体式具有一定制约性的语言范式。它与交际活动相互制约、相互影响，对人们的言语运用起指导作用。

（2）语体的研究历程

最早的语体研究诞生于欧洲，亚里士多德（Aristotle）的《修辞学》里明确区分了口语语体和书面语体。20世纪初，瑞士语言学家查尔斯·巴利（Charles Bally）在弗迪南·德·索绪尔（Ferdinand de Saussure）的语言理论基础之上创作的《法语语体学》是现代语体学的奠基之作。巴利认为语体是某一社会集团习用的语言表达方式，它对该集团而言是共同的，不同于个人语言特征。当代研究认为语体的形成源于"言语活动"，在言语交际方面具有重要意义。语体研究成果颇丰，但当前对语体意识从"学理"角度进行的研究还相当薄弱，加强"语用事实"的理论研究是当务之急。语体意识的问题不止存在于语言教学方面，在一切使用语言文字的地方都存在。

汉语中的"语体"是一个诞生较晚的词汇，许多著作如《文心雕龙》《典论·论文》等古代文学批评作品中虽已产生了朦胧的语体意识，但就其研究而言仍属于文体学、文艺学的学科范畴。现代意义上的汉语言风格学、语体学是在吸收国外语言风格学、语体学理论的基础上发展起来的。因此，"语体"从诞生之初就与

第四章 播音主持的语体分类

"文体"等概念紧密相关,这也是后来普遍出现语体概念误读的一大原因。一方面,语体作为外来概念,由于译者的理解不同,邻近学科的概念交叉如文体、修辞等的混淆,最初引入国内时不可避免地引起了学术界的讨论;另一方面,由于学者们对古代文学批评作品中是否明确存在语体概念看法不一,对语体定义的解读也形形色色,语体与文体、修辞等概念纠缠不清。因此,随着半个多世纪语体研究的逐渐深入,对语体的定义分歧越来越大,这也对现今的语体研究造成了巨大困扰。

20世纪50年代中期,受当时苏俄语言学界"文体大讨论"(1953—1955年)和西方语体学理论引入两方面的影响,"语体"作为语用学范畴概念传入学界。而语体学作为语言学的分支学科,是在"1956—1962年的全国语言科学规划"背景下,作为"style"的借用和意译引入我国,形成了语体学所特有的、确定的科学含义。

著名理论语言学家高名凯的《语言论》的发表是我国真正开始建立语体学的标志。这本书从功能的角度出发,研究语言运用中因交际场合、目的、内容和任务的制约而形成的表达手段系统和表达效果,对苏俄的文体理论、其他国家的文体论及传统的风格论进行了总结研究,将"语体"称为"言语风格",完成了语体学的奠基工作。

经过半个世纪如火如荼的研究,语体研究取得了丰富的成果,但近年来的语体研究出现了停滞的状况。可以说,"语体"作为舶来品,在我国语言研究领域的发展时间尚短,还有许多未明确的内容,如语体究竟以怎样的标准分类,语体研究怎样有效融入母语教学等,各位专家都对此发表了不同的见解。因此,采用哪种研究成果是进行语体相关实践之前应考虑的首要问题。

2. 语体的主要类型

语体是社会功能变体,通过表现出区别性的语体特征进行划分。大体分成3种,即口语语体、书面语语体以及通用语体,并通过采用不同语言成分的频率倾向体现出随意、中性、庄重的不同语言风格。

(1)口语语体的定义及其特征

典型的口语语体是指在日常生活非正式场合中普遍运用的,通过面对面方式交流信息,以人的社会性交往为主要话题的语言范式。口语语体对语境依赖性极强,经常借助非语言手段如面部表情、手势来表达信息,能直接反映说话者当时的心理状态,其具备即时性、直观性,表现出随意、通俗的风格。

词汇层面：口语词经常显现出俏皮、活泼、通俗易懂的特征，富于形象表达，如"眼珠子""嗓子眼"。多使用特殊词类，如叹词、象声词、语气词，还经常运用俚语、隐语、口语习用语进行表达。其中，口语习用语是口语特征中最为典型的代表。口语习用语是口语交际过程中演变形成的定型了的语句，形式、语义以及出现语境都比较固定，如"动不动""我说呢""谁知道"。

句法层面：句型相对来说比较短，结构相对来说比较简单，也比较松散，句子的语序相对来说比较灵活，在正常语序主谓宾的基础上，经常以倒装、追加、插说、隐含、重复、易位以及缩略等形式呈现出来；并且极大地依靠语境，辅以眼神、动作、表情进行表达，如"来了吗，大家""他出差了吧，大概"。

语音层面：持续发生音变，语调也呈现出很大的变化，轻重音、儿化音、语音停顿或延长等现象相对来说比较明显。语音面貌极大地呈现说话人的心理状态，思维出现空白时，语词啰唆重复，不断以语气词填补，出现大量的语音停顿或延长现象，使得整体语音节奏虽然不规律，但短小精悍、极富现场感。

（2）书面语语体的定义及其特征

典型的书面语语体具体指的是正式场合使用的语言范式，其交际是间接的，表现为庄重、典雅、严肃的风格。对于书面语语体而言，其是为社会活动服务的，其中包含文学艺术、科学以及政治等领域。相对于口语，书面语内部特征比较稳定，相对独立，不易变化，在正式语言环境中运用得比较普遍。

词汇层面：文言词、书面白话文中沿用下来的双音节词使用得比较频繁。有学者总结了部分同素同义单双音节动词呈现出较明显的口语和书面语色彩。如"看—看见""等—等待"中单音节动词的口语色彩相对鲜明，双音节动词的书面语色彩更浓厚，具体词汇还是要根据语境判断；成套的关联词使用得比较多；相对于通俗说法，书面语多用于介绍科技词、专业术语的全称。

句法层面：对于书面语来说，长句是其中比较重要的结构，书面语中经常使用长句。所谓长句，就是指超过 7 个实词的句子，而 7 个及以下的则被看作是短句。经证实书面语语体中长句最多，口语语体中短句最多。书面语语体一般使用的是 SVO 语序，使用的关联成分和完整句比较多，复句较多，关联词不省略；修饰成分不但数量多，同时内容相对来说比较复杂，常使用长定语、长状语；因为文言对其产生了一定的影响，句式相对来说比较紧凑，如"风雪渐小"；欧化句子使用也比较频繁，如"他被发现死去"等。

语音层面：在韵律方面，口语语体和书面语语体之间存在很大的区别，具体体现为有不同的韵律要求，且在语法方面也存在很大的区别。对于现代汉语书面语语体来说，其语法系统的核心为"取单合双"，口语和文言的单音语素在转化为双音节后，现代汉语书面语系统中才能收录。书面色彩比较浓厚时，双音化韵律的控制强度则更大一些。在节奏层面，因为排比、对偶等修辞手法的经常运用，节奏规律均匀。

其他层面：书面语的逻辑性较强，篇章结构比较严谨，层次分明；思想连贯而表达流畅，因此，口语中的冗余成分是不允许存在的，肢体表达也不能运用其中；情感表露相对口语来说较为含蓄，很少采用语气助词、叹词，后缀"儿"对词义不产生影响时就可以省略不用，这样显得更庄重一些。

（3）通用语体的定义及其特征

通用语体又称中性语体，可以将中性语体的语法规范称为"共核语法"。可以说，其是口语语体和书面语语体的基础，是二语教学的基础和核心所在，反映着汉语的基本规范，也是掌握汉语的最低量值。通用语体所应用的都是通用的基本词汇及句式，不具备明显的语体色彩，如人名、物体的通用名称等。

通用语体的学习具有两面性，一方面，掌握了通用语就掌握了该语言必不可少的基础规则和词汇，具备了进一步学习其他语体的条件；另一方面，只掌握通用语不能达成在不同场合得体运用语言的目的，这对语体的学习反而有害。而就目前的一些教学大纲设计和教材编写情况来看，"共核语法"和通用语在初、中、高级别不加限制地广泛运用，课文语法和词汇尽量向通用语体靠拢，阻碍了学生对口语语体和书面语语体的学习，妨碍了其语体能力的进一步提高。有学者指出，需要在特定的教学阶段有限制地教授通用语。

（二）谈话语体

谈话语体是人们在口语交谈的历史进程中形成的一种特殊的语体类型，是根据交际场合、交际目的等因素选择语言材料而形成一定规律的结果。关于谈话语体的范畴问题有很多看法，有学者认为，口语语体可分为谈话语体、讨论语体和讲演语体三个分体；还有学者认为，口语语体可分为独白体和对话体（即谈话语体）两个分体。

二、谈话语体的创作要求

（一）话题建构多样且合理

对于一档广播电视网络节目而言，基于平台的不同，节目的形式和话题的种类也应更加多样化。话题对于一档广播电视网络节目而言是重要要素之一，因此，主持人在谈话过程中对话题的建构情况如何直接决定了节目的效果。因此，一档广播电视网络节目想要拥有较高的收听或收视率，主持人就必然需要建构起更加多元化的话题。下面将以电视谈话类节目为例进一步阐述具体的话题建构策略。

首先，主持人要"预热"话题，建立和谐融洽的谈话场。一档成功的电视谈话节目离不开成功的话题，如何不留痕迹地整合好话题成了主创人员大展身手的部分。电视谈话节目由于其特殊性，观众往往会追求真实的现场感受，如此一来，电视谈话节目的主持人就更需要将精心设计的话题变成顺心而来的交谈。

虽然谈话节目的"场效应"是无形的，但"场"的感觉是真实存在的。在这个谈话场里，一切"伪沟通"皆是徒劳。如果将谈话内容全都设定好，或是将现场观众的提问也都一一固定下来，那么节目最终呈现出的谈话场就是表演痕迹重的"伪"谈话场。所以，主持人与受众要实现真正的沟通和交流，就需要把谈话内容深入问题的表层。如何深入问题的表层？主持人要做的就是"预热"话题。"预热"话题可以借助谈话现场的其他因素，如特殊环节设置、大屏幕视频播放、现场游戏等。

在节目《奥普拉·温弗瑞秀》2000年8月的一期中，主持人奥普拉·温弗瑞（Oprah Winfrey）的谈话对象是一位自身生活艰苦，却倾尽所有帮助了几百个孩子的爱心人士——萨利（Salley）。节目中，大屏幕的短片结束后，奥普拉说："我们欢迎萨利。"萨利在掌声与音乐声中来到台上，奥普拉上前与她拥抱，说："你好，你好，欢迎。"接着，奥普拉把现场气氛推向了高潮。主持人通过话题预热，成功地将观众的体验感与节目的目的统一起来。她人文关怀式的做法也意味着创造了一个倾诉的空间，不仅感动了嘉宾和观众，也将新的生活理念和面对生活要坚强的人生态度传递到了屏幕外。

其次，主持人要重视谈话中的分寸把控。电视谈话节目主持人对谈话内容的分寸把控是电视谈话节目效果呈现的关键。"分寸"一词高度凝结了中国人的儒家礼仪文化，含蓄委婉间表现出泱泱大国的修养。电视谈话节目的语言交锋往往发生在毫秒之间，主持人对谈话内容、节奏、重点的分寸把控是节目风格形成的关键，具体方法如下。

第四章　播音主持的语体分类

第一，把握话题走向，整合话题意义。在特定的情境下，说话人的话语内容具有身份自指性。也就是说，在特定的话题情境下，话语传达出的预设情况会有所变化。在电视谈话节目中，节目主持人往往是话题的引导者。主持人可以借助整合话题意义的方式去把控话题走向，达成节目效果。

第二，扩大话题范围，叠加话题意义。在电视谈话类节目中，话题建构是主持人作为节目灵魂的重要展现形式。虽然节目组在策划之初就已经拟定好主题，但谈话场中话题如何推进、话题如何达成最终效果，都离不开主持人在谈话场中的分寸把控。这里所提及的分寸是指精准地满足观众期待的同时，还要"调和"现场嘉宾的主观意愿表达。

（二）选词用语得体且规范

谈话语体要注意语言的规范性和普及性。普通话是全国通用语言，不能滥用方言，不能盲目模仿港台腔等。同时，谈话语体要注意语言的生动性和通俗性。这里主要以央视《对话》节目为例，就播音主持选词用语中的人称指示语的使用规范及策略选择进行具体阐述，以此进一步明确播音主持的实际语用策略。

首先，应该遵循合作原则。美国的语言哲学家格赖斯（Grice）在1975年提出，人们在交流的时候应该根据交际的目的讲出交际环境中所需要的话语。这就需要交际双方遵守一定的原则，这种原则被称为合作原则。合作原则里面有四个准则，每个准则里面都至少包含一条细则。虽然合作原则是交际顺利完成所需要的，但是这个原则并不是人们在交际时必须遵从的原则，在现实的言语交流中，时常会有交流对象违反合作原则及其准则的现象。不遵循合作原则不一定会影响交际的顺利完成，甚至可能在交际双方知道相关语境的前提下，收到出人意料的交际效果。我们可以对《对话》节目中的人称指示语使用情况进行分析研究，研究说话人在遵循与违反合作原则的基础上怎样选择人称指示语，又会产生怎样的语用效果。

①量的准则。量的准则是指话语中包括的语言内容必须有交谈所必需的内容，说话内容不应该多于也不应少于交谈所必需的内容。在对量的准则的遵守上，央视《对话》节目中对人称指示语的使用就有很好的体现。

【示例】胡伟武：还有人说要把胡伟武拉去枪毙了……

例句正好遵循了量的准则，胡伟武称呼自己的姓名，刚好提供了适当的人物信息，让听者刚好知道说的是谁。

②质的准则。质的准则指话语中的语言内容应该自知是真实可信的，说话内

容应该能够用足够的具象证据证明。关于人称指示语对质的准则的遵守与违反，我们把人称指示语的隐喻现象称为质的准则的违反，而其他人称指示语不需要听话人刻意解读与本人的关联，这就是对质的准则的遵循。

【示例】陈伟鸿：我们的"船长"（宁高宁）一眼就认出了这位"船员"（李嘉）。

【示例】陈伟鸿：我们也来请问一下赵建平局长……

第一个例句中的"船长""船员"就违反了质的准则，没有足够的具象证据证明宁高宁的船长和李嘉的船员身份，这只是一种隐喻现象。说话人违反质的准则，选择使用具有隐喻性质的人称指示语，使得听话人感受到这种称呼更具形象性、指向性。而第二个例句中的人称指示语"赵建平局长"这个信息真实且有理有据，遵循了质的准则，能够使听话人直接接收到人物姓名及其身份信息，不需要花费过多精力。

③关系准则。关系准则指说话内容之间是有联系的，不说与交谈话题无关的话语。《对话》节目中人称指示语的出现都是和话语内容有关联的，因此违反关系准则的人称指示语是不存在的。我们找出了以下符合典型关系准则的人称指示语的例句。

【示例】黄克兴：消费者一键式拨打电话，或者说扫描二维码下单，我们的配送员就把啤酒配送到消费者指定的位置。

【示例】胡伟武：在我做之前，俄罗斯做得比我们好。

第一个例句中的"消费者"就是为了消费，例句中的"下单"体现的就是消费行为；"配送员"的工作是给消费者配送物件，"配送"就是配送员的工作。因此。"消费者""配送员"这两个人称指示语都和人物的存在行为有关系，关联人物行为性质的人称指示语方便听话人对所指人物身份进行直观解析，可以减少听话人的认知努力。第二个例句中的"俄罗斯"是地点转指人称，属于转喻现象，所转指的人物与该地名有密切的关系，遵循了关系准则。"俄罗斯"转喻的是"俄罗斯"的政府官员和从政人员，是与地名转指相关的人物。另外，《对话》节目中有许多存在这种转喻现象的人称指示语。这种和所指人物有关的转喻性人称指示语的使用，有利于激发听者大脑对转喻喻体和所指目标进行关联。

其次，应该遵循礼貌原则。礼貌是人际交往时的一种社会性语言与行为的手段，是说话人为了达到某一行为目的而采用的语言策略。礼貌是人类语言活动的一条衡量尺度，从古至今都受到人类的推崇，尤其在中国这样一个有着几千年文明的国家，在儒家文化的浸染下，礼貌原则对话语交流时人称指示语的选择有着深刻的影响。关于礼貌语言的一系列问题，国内外都有学者进行研究，其中有

第四章 播音主持的语体分类

学者根据中国的文化传统将礼貌原则分为五种。本节按·杰弗里利奇（Geoffrey Leech）的分类对《对话》节目中的人称指示语进行研究分析。20世纪80年代，英国学者利奇从语用学角度对礼貌原则进行了新的分类，将礼貌原则分为六类，礼貌原则中只有以下三项准则对人称指示语的使用产生影响。

①得体准则。得体准则要求尽量减少输出有损于他人的观点，让对方多受益。在人称指示语的使用上，《对话》节目中遵循得体准则是普遍存在的，这对谈话的顺利进行发挥了重要作用。因为《对话》节目属于新闻谈话节目，谈话人一般会尊重彼此，所用的称呼语大多能让对方在心理上受益。

【示例】陈伟鸿：艾老，您自己付出的努力也值得我们所有人来学习。

"某老"这种形式的称呼语，在中国社会中是对一些位高权重人物的尊称。例句中主持人在得体原则的影响下使用"艾老""您"两个尊称，让听话人听了有种被尊重的感觉。

②赞誉原则。赞誉原则指的是多称赞对方，减少对他人的贬低，赞誉原则影响了《对话》节目中说话人对人称指示语的选择。为了达到更好的交流效果，说话人称赞对方能够增强听话人的心理满足感。不管是从外貌还是从事件本身来称赞对方，都可能影响说话人对交流另一方的称呼。

【示例】陈伟鸿：他们不仅仅称你为艾劳模，在其他场合他们还会如此介绍你，说……这位是我们的"焊神"。

例句中的"艾劳模""焊神"是一种赞誉式的称呼，是主持人陈伟鸿针对艾爱国的事迹对其的尊称。这种称呼蕴含了艾爱国的光荣事迹，会让艾爱国听了觉得自己所做得到了他人的肯定，自己的人生价值实现了，心理上得到了满足。

③谦逊原则。谦逊原则就是要将自己的身份放低，少赞誉自己。在谦逊原则的影响下，《对话》节目中人称指示语的选择，一般是身份地位高、成就高的人表现出谦逊的态度，或者是身份地位相对低、成就相对低的人表现出谦卑的状态。

【示例】胡伟武：人家都是二三十岁的精壮小伙儿，我们就是五六岁的小学生。

例句中，胡伟武将对手比作精壮小伙儿，代表着蓬勃发展的生机活力，而将自己比作小学生，说的是自己的公司幼稚不成熟，这就导致事业不够成功。胡伟武做到了自谦式地放低自己的姿态，提高了对手的成就度。自古以来，谦虚是中华民族的传统美德。在与人对话中，如果说话人的说话重心在称赞自己上，会让听话人心理产生不适感。因此，少称赞自己、多贬低自己会让交流更加顺利地完成，也会让人更愿意进行交流。

第二节 报道语体

一、报道语体概述

报道语体是指播音员主持人向社会大众播报新闻等信息的言语体式。报道语体以追求信息的准确、真实、快速传播为原则。

在目前的广播电视网络中,报道语体多为"播音员播报""播音员播报+新闻画面""播音员播报+记者现场报道""播音员播报+记者现场报道+新闻画面"等几种形态。

二、报道语体的创作要求

(一)坚持客观真实

真相在经过创作者创作后都是会捎带主观认知和情感的。同理,在进行深度报道的过程中,播音员主持人应该极力去塑造真相、呈现事实。

内容真实是播音员主持人在播报过程中应该首要坚守的原则,它是新闻的第一生命。虽然无法确保真相一定如此,但在报道中,所涉及的采访对象、时间、地点、数据都必须是真实的。

除此之外,播音员主持人应始终秉持客观的态度,不刻意去讲述负面的内容以期引起对方的注意;同样,也不刻意吹捧某一对象以期得到对方认可。

(二)保护新闻信源

在一些报道语体形态中,记者发挥着重要作用,而新闻信源是新闻记者采写和报道新闻的必要保障,也是播音主持播报消息的重要基础。目前大量的报道中都会出现"记者从哪儿获悉""某某说""在场某观众告诉记者"等不确切的信源。这其中,有些是记者心照不宣偷工减料的方式,只是为了看似有采访过程而出现采访人物。因此,国内新闻界逐渐开始提倡信源"实名制"。而在实名制的实践过程中又暴露了很多问题,例如,曝光者遭到打击报复、隐私暴露导致被"人肉"等。因此,媒体记者吸取经验教训,提出保护信源的问题。完全的实名制和保护都是"一刀切"的做法,在信源真实的前提下,有效地保护信源是需要记者在创作和播报过程中灵活处理的。

第四章 播音主持的语体分类

在报道过程中，直接信源是记者最常获取信息的方式。可以是当事人、有关部门人员、事件相关人士，也称"透露式"来源。另一种是间接信源，也就是说信息来源是引用其他新闻媒体或个人的文章，也称"援引式"来源。

在系列报道的创作过程中引用信源所表述的内容主要分为两种情况，一种是实名，另一种是匿名。匿名中又分为两种情况，一是代称，二是模糊信源。

在揭露性新闻面前，尤其是财经类稿件需要一些关键的信息。许多参与者或者掌握关键信息的人，出于自我保护的原因，不太愿意站出来提供一些关键证据，这是难以避免的。因此，在采访和报道的过程中，记者和播音主持始终要保护好自己的采访对象。

（三）创新叙事方式

随着科技的发展进步，在播报新闻时，播音主持可以借助可视化的数据信息完成新闻的播报。数据新闻可视化报道作品的最终产品形态是一整套视觉符号系统，相比传统新闻以语言为主的叙事方式，它在语法、形态和表现方式上发生了根本性的"图像转向"：在对时间、空间等抽象信息的表达上，图表通过具象的元素和逻辑秩序来表现内容。

受众的快感来源于多个方面，首先是"观看"的乐趣，也就是视觉快感。无论是数据可视化带来的将复杂数据简单化呈现的直观方式，还是视觉色彩带给受众的美感享受，都在直截了当地满足着受众的视觉欲望，让受众的眼睛在浏览收听数据新闻的同时，也体验着愉悦和快乐。

其次是"沉浸"的着迷。数据可视化以前所未有的直观、明了、生动的形式拓展着传统新闻形式无法企及的维度和广度。在数据新闻产生之前，传统新闻大部分以文字、图片、影像等形式出现在受众面前。由于媒介机构的媒体形式不同，新闻字数、篇幅、时间都受到限制，新闻文本传递的信息量非常有限。一般情况下，单篇新闻报道根本无法将整件事情的所有脉络和所有关系以及背景细节展示出来，而数据新闻可视化则突破了这种局限。

最后，受众在数据新闻可视化报道的信息接收过程中并非单一被动地接受，一些具备交互性体验的报道的每位受众也是创作者之一。受众在信息接收过程中可以不断顺着自己感兴趣的方向进行探索，获得一种基于人机互动的个性化体验，在体验的过程中还可以就自己的感受和想法通过互动功能进行实时反馈和传播，这是传统新闻报道中受众被动单一接受式的"拟人际传播"无法比肩的。在这个过程中，受众是积极且主动的信息参与者，而非被动的信息接收者，受众的信息接收体验也由单一地接收信息变为探寻式的参与乐趣。

数据可视化的本质就是一场可视化作品与信息接收者的视觉对话。数据可视化将计算机技术与平面、动画艺术完美结合，借助图形化的手段清晰有效地传达信息。借助计算机数据可视化技术软件的强有力支撑，数据新闻可视化报道在新闻消息的呈现上能带给受众一种所见即所得的视觉冲击，色彩、线条、图形、文字的多种丰富组合将数据分析的最终结果呈现出来，达到一目了然的效果。一方面，数据赋予可视化以内涵和价值；另一方面，可视化增加了数据灵性。二者相辅相成，帮助民众从数据新闻可视化报道中提取对应的新闻信息，从数据可视化报道中获取有价值的新闻信息。

相比传统的纯文字和图文相结合的新闻报道形式，数据新闻可视化这一形式在信息接收效率方面整体有所提升，带有数据信息的图片、动画、视频等能为受众带来直观的快感。数据可视化的产生从某种意义上来说就是为了让民众直观地接收数据信息。

第三节　政论语体

一、政论语体概述

政论语体是语体类型之一，是一种宣传鼓动的语体，它直接为思想政治斗争服务，涉及社会生活的各个领域。

政论语体的语境类型和语言特点有别于其他语体，具有独特的个性。政论语体在语境类型上要求语言表达既有逻辑严密的论述，同时又有形象的描绘，所以在语言使用上，其与谈话语体、科学语体、艺术语体等都有一定的交叉与联系。另外，政论语体具有独特的语言特征，通过对文献的梳理，我们将政论语体在词汇、句式和修辞方面的特点总结如下。

①政论语体语篇中的政论词语丰富，广泛吸收新词，具有鲜明的时代性。

②政论语体的句式丰富而集中，安排灵活而规整。政论语体充分运用各种句式来增强政论的力度，汉语中根据语气分出的四种常见的句类（陈述句、祈使句、疑问句、感叹句）在政论语体中较为常见，复句的运用也较为普遍。

③善于使用修辞手段增强语篇的表达效果，使得政论兼具严密性和生动性特点。一般而言，指示性政论与号召、动员性政论多使用排比、对偶等表现性修辞手法，艺术性政论则较多使用比喻、比拟等描绘性修辞手法。

二、政论语体的表达

在政论语体中区分出论政类和评论类，有利于把握语体的权威程度和政策分寸。限于篇幅，我们在此不做详细介绍。以下所举实例或许不那么典型，但愿能起到举一反三的作用。

如在房价居高不下成为社会热点问题的时候，《中国证券报》记者的一席评论给人们以多维思考。这篇评论的主题是：遏制房价"要有人负责"。从一开始的设问和简要分析后的反问，语势由扬而抑，又由抑而扬，这让人从思辨中产生悬念。接下来通过一个个调查实例，叙述各利益攸关方的"苦衷"，语势层层递进，每一层中却呈现由抑至扬的态势，这里可以把理由或对比数字作为重音加以突出。但讲到地方政府官员业绩考核只对国内生产总值（GDP）负责，而条条都与房地产挂钩后，质问的语气让语势上扬，接着做出分析时语势又趋于平稳。特别是和发生安全问题的领导引咎辞职相联系，陈述无人负责的现状时，语势又呈递进式。最后一段两句话中，"实体的责任"和"有人负责"成为强调的重点，也是语势的高潮点。如此听上去，就能在波澜起伏中显得头头是道了。

对于一位评论员而言，关于如何解决快速将内部语言转化为外部语言的问题，一是要做好对所报道人物与事件选取话题、角度的预案准备；二是根据现场语境变化情况，由自己的新观察、新发现、新判断快速结合预案的共同点和差异重新组合，产生新的角度或新的观点。

第五章　播音主持的语音发声

播音实践者和播音专业学者根据播音工作实践总结经验，并在参考语音学、语言学、生理学、物理学，借鉴戏曲、声乐、表演等姊妹艺术的基础上，形成了符合播音主持艺术自身特点、规律和要求的播音发声理论体系，是中国播音学的重要组成部分。可以说，语音发声是播音员、主持人、演讲者、朗诵者、解说者等有声语言实践者夯实基本功的关键一"课"。本章分为声、韵、调的规范发音，语流音变的标准表达，发声腔体的合理控制及情、声、气的完美融合四部分。

第一节　声、韵、调的规范发音

一、字音准确的基础——声母

（一）汉语声母系统的特点

现代汉语普通话（不包括零声母）共有21个辅音声母，这21个声母是根据其发音部位、发音方法（阻碍的方式、声带是否振动、气流的强弱）不同进行分类的，具体如下。

1. 按发音部位分类

汉语声母在发音时，气流会受到阻碍，这个阻碍的部位我们便称为声母的发音部位。按照气流受到阻碍的位置来区分，汉语中各个声母的发音部位大致可以细分为以下几种。

①双唇音：b、p、m
②唇齿音：f
③舌尖前音：z、c、s

④舌尖中音：d、t、n、l

⑤舌尖后音：zh、ch、sh、r

⑥舌面前音：j、q、x

⑦舌面后音：g、k、h

2. **按发音方法分类**

（1）按阻碍的方式分类

每一种语言都有不同的发音方式，发音的方法主要是指在发音过程中形成的阻碍气流运动的方式和如何克服它们所造成的阻碍。汉语中的声母按照"构成—克服"的途径大致可以分为如下几类。

①塞音：b、p、d、t、g、k

②擦音：f、h、x、sh、r、s

③塞擦音：j、q、zh、ch、z、c

④鼻音：m、n

⑤边音：l

（2）按声带是否振动分类

普通话声母在发音时，我们会将声带振动的音称为浊音，将声带不振动的音称为清音。具体分类情况如下。

①浊音：m、n、l、r

②清音：b、p、f、d、t、g、k、h、j、q、x、zh、ch、sh、z、c、s

（3）按气流的强弱分类

在使用普通话中的声母发音时，我们会将气流较强的音称作是送气音；反之，气流较弱的音称作是不送气音。具体分类情况如下。

①送气音：p、t、k、q、ch、c

②不送气音：b、d、g、j、zh、z

（二）声母的练习

1. **绕口令竞赛**

为使练习者更好地区分声母，提高练习者的学习兴趣，可以在练习过程中加入反复诵读绕口令这一环节，再引入竞争机制，可以使练习的气氛充分活跃起来。例如，绕口令"sì shì sì, shí shì shí, shí sì shì shí sì, sì shí shì sì shí, yào xiǎng fēn qīng shí hé sì, yào xiān fēn qīng sì hé shí"。

在练习中实施过程如下：练习者总人数为30人，将练习者等额分组，每组为5人，共分6组。小组内5人排好先后顺序，序号为1的人说1遍绕口令，序号为2的人说2遍绕口令，以此类推。每个小组有两次挑战的机会，用时最短且准确的小组获胜，可获得贴纸。但要注意如果练习者不能等额分组，人数少的小组在竞赛中应该增加相应遍数。

2. 善用游戏活动

在声母学习与练习阶段，可以开展眼疾手快、抽卡片、做比萨等活动。

（1）抽卡片

将练习者分为4至6人一组，每组分发一套声母卡片。每组派一名代表作为"朗读者"到前面读声母。当"朗读者"读声母如"b"时，所有练习者要在本组所拥有的声母卡片中找到该声母，然后全体成员站起来举起该卡片并大声朗读"b"。第一名积3分，第二名积2分，第三名积1分，剩余小组0分。最后获得积分最多的小组内成员奖励贴纸。

（2）做比萨

将练习者分为4至6人一组，每组分发一张声母"比萨饼"。将多份"配料"——声母制作成不同花样的小配件贴在练习室前面的黑板上，指导者每一轮分别以练习者学习过的一个字、两字词、三字词、四字短语、一句话为指令。练习者以组为单位，每组在每轮派一名代表（每次所派的代表不可以相同）判断指导者所说话中的声母，并到黑板上选取"配料"粘贴到自己小组的"比萨饼"上。以人数最多小组的练习人数为轮数，如小组最多人数为4人则设置4轮竞赛。

二、字正腔圆的依据——韵母

（一）韵母的概念

汉语音节中声母以后的部分叫韵母，韵母由单元音、复元音或元音加鼻尾音充当。韵母的主要组成部分是元音，但元音不等于韵母。韵母最少有一个元音，也可以由两个元音或三个元音组成。韵母中还可以有辅音，韵母中的辅音总是处在韵尾。普通话中只有两个鼻辅音可以做韵尾——n和ng。此外，韵母可分为三部分，即韵头、韵腹和韵尾，又分别叫作介音、主要元音、尾音。

（二）韵母的练习

1. 韵母 ü 的发音

在练习过程中可以发现，韵母 ü 是练习者最难掌握的韵母，无论是单韵母 ü 的发音，还是复韵母 ün 的发音以及 üe 的发音，练习者在发音位置、方法以及记忆方面都存在一些困难。

首先是针对单韵母 ü[y] 的教学，需要教会练习者找到适合的发音位置。该音节为舌前高元音，采用夸张法向练习者示意正确的发音圆唇，同时结合图示法展示正确的发音方式，或者是使用 i[i] 的音节带出 ü[y] 的音节。虽然后一种方法比较适合找不准发音位置的练习者进行发音练习，但是很容易让练习者引出 i 和 ü 的偏误，需要指导者做适当的引导。

在练习者单独发出 ü 的音节之后，指导者需要针对 ü 与声母拼音所产生的偏误做重点讲解。在一些测试中发现，部分练习者容易将 ü 的音发成 u 的音节。例如，录音中 16.67% 的练习者在读 qu 时将其当成 ü，读成了 chu 的发音，或者是将 nü 读成了 nu 等。练习时需要重点强调这些声母和韵母组合的不同之处，重视拼写规则的指导，强调在声母 j、q、x、n 以及 y 后面的 u 都是发出 ü 的音节，不断纠正练习者的发音错误，并在事后练习中提高复现率，让练习者记住这些特殊的发音规律；另外，针对复韵母 üe 和 ün 等音节，需要从 ie 的发音过渡到 üe 的发音，给练习者解释各个发音的不同，通过反复练习解决出现的发音偏误。

2. 复元音韵母的发音

复元音韵母的主要偏误集中在 ou、uo 等形似的元音韵母上。指导者需要区分出各种韵母的不同，注意两者之间的区别，使用夸张法让练习者明确复元音韵母的不同；练习者通过对着镜子练习去关注自己的发音方式，有类似音节的可以使用代入法。例如，在 ou 的发音练习中，一些练习者会将"头"读成"土"，练习过程中需要将容易出现错误的音节进行对比分析。练习者应重点关注指导者唇形的变化，ou 的发音唇形会由大到小，但是 u 的唇形是无变化的。

3. 鼻音韵母的发音

通过相关测试可以知道，鼻音韵母的偏误主要出现在后鼻音的偏误上，练习过程中指导者可以采用过渡法以及解构法进行教导。首先，在教导 ang 时候，可以先教导练习者 an 的读音，在 an 的读音基础上教导练习者 ang 的读音，或者是采用发音较为相似的英文进行教学。例如，ang 可以采用英文单词 "hung" 体现出后鼻音的特点，让练习者更为理解后鼻音的发音位置和发音方式，也可以将音节拆解后讲解。例如，讲解 iang 时可以将其拆解为 i+ang，注意在练习过程中引导练习者使用正确的拆解法，避免出现类似于 ia+ng 这样的拆解错误。拆解完成后，教导练习者完成从音节 i 到 ang 的快速过渡，掌握其发音的正确方式。

总体的练习原则是先易后难、循序渐进，先教单韵母，再教复韵母，最后教鼻韵母等复杂的韵母。教学过程中还可以使用游戏法进行韵母的教学，这样会提高练习者的学习兴趣，让练习者更加专注于韵母发音的练习。但使用游戏法的时候，指导者需要考虑游戏的难易程度以及趣味性，同时全程监控游戏的实施过程，维持好秩序，需要指导者投入更多的时间和精力。游戏法实施得好有利于练习者更好地吸收知识点；一旦出现纰漏，便会引起教学秩序的混乱，浪费较多的练习时间，也收不到想要的效果。

三、富于音乐性的标识——声调

（一）声调的概念

普通话是一种有调语言（Tone Language），每一个音节即每一个汉字都是有声调的。所谓声调就普通话语言的音调变化，是依附在音段上作为声母或者韵母的伴随特征出现的。普通话的声调又有单字声调和连续声调之分。

普通话的声调有着区别词意的重要作用，如一 yi1（"一个"）、咦 yi2（表示"疑问"）、已 yi3（"已经"）、忆 yi4（"回忆"），这四个字的声母、韵母都相同，但是由于声调不同，所代表的含义就大不相同。汉语中的大部分词都是通过声调的不同来区分意义的。人们通过不同的声调来表达和传递自己的想法，如果在言语交际中声调念不准，就会引起歧义，所以声调对于学习普通话的人来说是相当重要的。

（二）声调的练习

第一，利用歌曲、影视作品和朗读材料这三种学习资源可以更好地提高练习者的发音水平，尤其是锻炼其声调发音能力，有效地增加语言输入和输出的机会，在一定程度上提高练习者的兴趣。朗读法最适合进行普通话声调练习，在对语料的朗读中熟悉语流的音感特征，让练习者掌握语流中声调的高低变化及每个声调之间的配合，从而形成正确的普通话声调语感。在练习过程中可以使用朗诵软件，让练习者在轻松愉快的气氛中感受声调的差异，提高练习者练习声调的兴趣。

第二，充分使用现代多媒体工具，采用灵活多样的练习方式开展语音练习。通过声音、动画、图像等媒介的有机结合，将练习内容具体生动地展现在练习者面前。

第三，指导者要给练习者提供新鲜资料（如手机软件、播客、电影等），且指导练习者自主训练。以下两部分是自主训练材料的设计。

①输入和输出结合训练。首先是观看和聆听。当我们观看图片或视频时，注意听每组语句与单词，并集中精力理解。然后闭上眼睛再听一遍，感受语音和声调，试着听出汉语和其他语言之间的异同。接着听并重复，仍然闭着眼睛，每个词语或语句听三次，然后重复2～3遍。最后复习并拼写，在重复声音后，看屏幕上语句或单词的拼音拼写，然后在单词或单词的空白处把它写下来。

②语感训练，即进行影子训练。影子训练是同时进行听和说（重复），训练的目的是锻炼嘴部的肌肉，熟悉普通话语音的发音方式。模仿标准的普通话说话方式是一种提高口语能力的有效方法，模仿时注意模仿对象在说话时语调的抑扬顿挫并进行同步跟读。选择的语料可以是电视剧里的某个片段，也可以是播客或者采访内容，按自己的喜好选择即可。注意模仿对象的发音、声调和抑扬顿挫能够帮助练习者建立语感，录音并回放录音内容。然后将录音内容与原始音频进行对比，找出自己的错误并纠正。最后继续跟读，反复练习。

第二节　语流音变的标准表达

一、语流音变的概念及分类

现代汉语的音变有两类，一类是历时的语音变化，另一类是共时的语流音变。学界对语流音变的定义是"音节相连发生的语音变化现象"，有学者认为语流音变就是一个音在连续的语流中受到其他相邻音的影响，或因其在语流中所处位置不同以及说话者自身的语速、音高、音强等的不同而发生变化。

语流音变可细分为不同的类别，就形式而言，有同化、异化、弱化、脱落、增音等；就内容而言，汉语普通话的语流音变主要包括轻声、儿化、变调、"啊"的变读这几种。

（一）普通话轻声

轻声是普通话一个重要的语音特点，如果轻声说不好，如果普通话就说不好。因此，要学好轻声，首先要掌握轻声的读法，其次要清楚哪些词语读轻声。

1. 轻声的本质

学者对轻声本质的理解体现在他们怎样定义轻声上，主要有三种说法：调类说、变调说、轻音说。前几十年学界主要争论轻声是否具有独立调位的资格，也就是说，从声调角度讨论轻声是普通话的所谓"第五调"，还是一种"特殊的变调"。

持"调类说"观点的学者认为轻声是独立于普通话四声的第五个声调。目前为止，赞成"调类说"的学者不多。

语言学教材对轻声的定义促使"变调说"的观点被更多人接受，进而使"变调说"在学术界占主流。《普通语言学纲要》中指出"语词里的音节或者句子里的词失去了原有声调，念成另一个较轻的调子，叫作轻声。轻声也是变调的一种，不过是一种特殊的变调"。《现代汉语》（第6版）也延续这一说法，称轻声为"因语流音变而形成的又轻又短的调子"。

"轻音说"的源头可以追溯到"中国现代语言学之父"赵元任对轻声的描述。他在《国语罗马字研究》《北平语调的研究》《汉语的字调和语调》和《新国语留声片课本》中都提到了轻声。前三篇文章中，赵元任用的术语是"轻音""中性调"或"中性语调"，直到《新国语留声片课本》中才正式使用"轻声"。

赵元任指出从音位学的观点看，汉语分为三种重音：正常重音、对比重音和弱重音。弱重音就是轻声，"因为声调已压缩到零，我称它为轻声"。几乎任何带四个正规声调之一的字在一定的条件下都能变为轻声字。自此，越来越多的学者开始把轻声与轻重音问题联系起来讨论。随着讨论的深入，有学者意识到有必要厘清"轻声"与"轻音"之间的关系。

2. 轻声的原因

学界对轻声的产生主要有三种解释：从语言演变角度看是汉语的双音节化和多音节化；从生理角度看是人类发音追求省力的结果；从语言节律看，轻音是轻声的原因。以上三种观点均有一定道理，但也都有其不足。如第一种观点无法解释一些语法虚词（如们、的）为轻声的情况，第二种观点很难解释乌鲁木齐话、巴里坤话中存在并不轻、不短的轻声，而第三种观点没有明确说明轻声与重音的关系。

此外，有学者认为北京话的轻音和儿化均是受满语的影响而产生的，但这也无法解释不少方言中轻声出现的范围比北京话还广的现象。还有学者结合现代语言学理论，提出轻声与汉语语法化、双音节化有密切联系，原来的实词由于意义的虚化和功能的语法化变成了只有语法意义的虚词，语音形式也随之弱化，表现为单字的原调中和化。另外，结合世界语言中重音产生的原因，有学者认为汉语韵律在语言接触下的演变也可能促使轻声产生。

3. 轻声的分类

学者们根据不同的标准对轻声进行分类。最早是赵元任在讨论什么时候读轻音时，将轻音分为有规则和无规则两种情况。前者主要包括 6 条：语助词、虚字词尾、方位的补助动词、方位的后置词、作止词的代名词、"要不要"式里"不"字跟后头的动词。后者例外较多，很难全面掌握，只能在生活中留心听或将戏文中的"不规则"轻音字进行特别标注。有学者将赵元任提出的有规则的 6 类轻声扩展为 14 类，以上都是基于口语中读轻声情况的归纳、总结，分类标准有较大模糊性。此外，著名语言学家林焘从语调和音节结构层面将普通话的轻音分成语调轻音和结构轻音。用实验方法研究轻声的学者对轻声实验词的分类则更清晰，标准也更明确。

4. 轻声词的规范

在汉语普通话中，所有的音节都有本身固定的声调，但是当不同音节的字组合成词时，一些音节失去了它原有的声调，被读成一种轻短模糊的调，由此组合成的词语就叫作轻声词。对轻声词规范的研究开始于语言学界对轻声的认识，"宽的标准"和"严的标准"是目前学界对于轻声词的规范所持有的两个标准，同时也有一些学者认为应该取消轻声。"宽的标准"指的是保留全部轻声词；"严的标准"则强调要减少轻声词的数量，明确规定可以两读的词不轻读。

针对多种规范标准，多位学者提出了相应的规范原则：有学者指出要严守轻声的特征、区分轻声和轻音、设立可轻声；还有学者指出要采取必要的原则、明确的原则和符合发展趋势的原则。

目前关于轻声词的规范化问题，尽管学者们概括的规律纷繁复杂，但普遍认为需要规范。首先要使学习者对于轻声的特性有一个明确的认识，广泛探讨轻声词的规范原则，明确规范原则。然后在此基础上制定出一个必读轻声词语表及可读轻声词语表，从而减少或避免教材以及其他工具书上的分歧，降低学习难度。

（二）普通话儿化

1. 儿化的界定与性质

"儿化"这一术语在学界涉及的内容甚广，在语音层面有"儿化音""儿化韵""儿尾"的说法，语义和语法层面也有"儿化词""儿缀"这类定义。我们首先要厘清以下几个概念。

儿化和儿尾是语音层面的概念，儿缀则是词汇和语法层面的概念，不可混同。而儿化与儿尾的区别是语素"儿"在语音上是否能够融合进前一个音节，进行融合的是儿化，未进行融合的是儿尾。

儿尾词是为了满足修辞格律需要而产生的，"儿"语素应该读成一个完整独立的音节；儿化词中的"儿"语素应与前面的音节融合，将其韵母变为卷舌，不独立成音节。此外，儿尾词和儿化词应该在书面上有不同的标识，使读者在朗读时能够区分。

2. 儿化的作用

儿化可以表示具体事物的抽象化，即某一具体事物的名称在儿化时被运用在其他词语里可以指代更加深层的意义。如"门"字可以单用，也可以组词"门帘"，这些都可以表示具体的事物。但当"门"发生儿化，组词为"没门儿"时，"门"的意义就发生了变化，不再指具体的事物，而指抽象的概念，表示一种可能性。

（三）普通话变调

变调又称"连读变调"，指的是音节声调在语流中和前后音节连起来读的时候调值发生变化，是声调的动态组合，区别于单念时的静态声调。传统观点认为连读变调反映的实际上是历史调值，共时的连读变调只是历史演变中的偶然现象。此外，连读变调的模式还受到共时语法、语音因素触发与制约。最早对连读变调现象进行描写的是明代的崔世珍和王骥德，他们都注意到了明代官话中存在着两个上声相连时前一个上声与阳平相似的现象，并将其记录下来。到了现代，赵元任是第一个注意到方言连读变调问题的学者。

由于汉语方言种类丰富，各方言的变调情况有同有异、十分复杂，对于变调类型的划分也就出现了许多不同的标准和方式。有学者对方言变调类型研究进行了详尽清晰的综述，将分类方法归纳为以单字调和连读调的关系为划分标准，以不同语言层面和连读变调的关系为划分标准，从语音变调和音系变调的角度来划分这三大类别，每一类别下又有若干细分标准和对应的具体变调类型。其中可直接应用于普通话变调情况且对变调教学与习得有较大帮助的，是根据语言层面与变调关系划分出的语音变调和语法变调。这一划分突破了"连读变调只是一种语音现象"这一观点的局限性，深化了对变调现象内在性质的认识。

另外，还可以将连读变调分为仅受语音条件影响，作用在于对发音进行调节的"语音变调"和跨越语音、语法或语义层面，作用在于构词或标记句法功能的"音义变调"两类。其中"语音变调"又可进一步划分为追求省力原则的简化型、为区别内部相邻音节调型的异化型和为减少连调式总数以中和调类的中和型；"音义变调"主要有声调包络、叠合型连调、小称变调、重叠变调等细分类别。

此外，现代普通话连读变调还有一种更为精简实用的分类方式，即根据制约因素分为受语音规则制约的变调和同时受到词法制约的变调。其中，上声变调属于前者（实际上，三字调及以上的上声变调也会不可避免地受到词法方面的制约），"一、不"变调属于后者。

（四）普通话语气词"啊"的音变

1. 语气词"啊"的内涵

汉语语气词中的"啊"是存在音变情况的，当"啊"在句子中同前面音节相连时，书写形式上便会随之变化，如"呀""哇""哪"等字形。这种字形改变的原因便是"啊"同前面音节形成连音。然而从本质上来看，无论是哪一种字形，语气意义表达仍然在语气词"啊"的范畴内。一般向说话的对象表达自身的惊讶或者感叹等情绪，同时能够缓和说话语气，使句子听感更佳，更易为对方所接受。"啊"在句子中处于不同的位置，语气意义也存在明显差异。

第一，语气词"啊"最常见的位置是句末。在句末的情况下，"啊"的语气意义通常在不同句子中表达的意思也不同，可以表现出不同的语气。"啊"在句末时比较常见的有以下四种情况。

第一种情况是在陈述句句末。"啊"在陈述句句末中的语气意义是肯定一件事的现状，对事情事实进行说明。

【示例】这种滋味可真不好受啊。

在上述例子中，"啊"的存在是对所阐述事实的肯定，是肯定这种滋味不好受的事实。"啊"的存在则使句子听感更为柔和，同时加重了自身对于这种事实的肯定感觉。

第二种情况是在祈使句句末。"啊"在祈使句句末中的语气意义是告诫对方要注意，在一定程度上表达了说话者对于行动者的一种建议或劝阻。

【示例】你们工作再忙，也要注意身体啊。

【示例】过了这村，可没这店啊。

在上述两个例子中，"啊"的存在都是告诫对方要注意。在第一个例子中，"啊"的语气意义是对行动者的一种建议，希望对方即使工作再忙，也要注意自己的身体，表达了一种关心的情感。在第二个例子中，"啊"的语气意义是对行动者的一种劝阻，劝阻行动者及时把握住当前的机会。

第三种情况是在感叹句句末。在感叹句句末中"啊"的语气意义是表示事情超出了自身预想，表达开心情感与夸赞以及哀叹与劝告对方，通常会伴随其他副词"真""多么""何尝"等同时出现。

【示例】这些中国人虽然语言不通，但能在异国做事，真不简单啊！

【示例】多么温馨的气氛啊！

【示例】其次，安乐死不仅对其本人是一种解脱，对其周围的亲人、朋友又何尝不是一种安慰啊！

在上述三个例子中，"啊"的存在便分别代表了三种语气意义。在第一个例子中，说话者表达的意思是事情超出了自己的预想，"啊"的语气意义便是加重这种对于超出预想的表达。在第二个例子中，"啊"的语气意义是表达自身对温馨气氛的夸赞。第三个例子中，"啊"的语气意义是一种慨叹。

第四种情况是在疑问句句末。"啊"在疑问句句末的意思则类似于语气词"吗"，表示自身的疑问，也可以用于一些问候语中。在语气上相较于"吗"要更为柔和一些，但是"啊"在疑问句句末的情况并不常见。

【示例】妈妈最近您的身体怎么样啊？

在上述例子中，"啊"的语气意义为说话者对说话对象的身体是否安康表示问候。

第二，"啊"作为语气词还会出现在口头语中，此时"啊"并没有任何意思表示。口头语中的"啊"并不是单一的形式，还会出现"呀""哪"等变体，并在长期的沟通中形成一种固定搭配，如"我的妈呀"；还有一些是因为某些明星的口头禅而为大众所接受，并形成一种固定搭配，如岳云鹏在相声中经常说的"我的天哪"。这些口头禅在人的语言沟通中极为常见，虽然"啊"在口头禅中不存在任何实际意义，但一般而言，口头禅的应用也通常表达了个人在当时情况下所产生的惊讶或感叹等情感。因此，在练习过程中把这类口头禅作为固定搭配教给练习者即可。

综上可总结出"啊"的用法及语气意义，如表5-1所示。

第五章 播音主持的语音发声

表 5-1 语气词"啊"的用法及语气意义

语气词用法	语气意义
陈述句句末	肯定一件事的现状,对事情事实进行说明
祈使句句末	告诫对方要注意,在一定程度上表达了说话者对于行动者的一种建议或劝阻
感叹句句末	表示事情超出了自身预想,表达开心情感与夸赞以及哀叹与劝告对方
疑问句句末	表示自身的疑问,也可以用于一些问候语中,在语气上相较于"吗"要更为柔和一些
口头语	常见的固定搭配,无明确意思表示

2. 语气词"啊"的音变

"啊"作为语气词用在句首,仍发"a"的本音;如果用在句尾,因受它前面音节收尾音素的影响会发生不同音变。变化的原则是依据前一个字的收尾音素顺势而发。"啊"的音变现在呈现出较为灵活的使用趋势,只要听起来顺耳、念起来上口,在使用中不必苛求统一。

二、语流音变强化训练方法

关于语流音变的强化训练方法,具体如下。

方法一,听读成段韵文语篇,感受普通话的节奏美。韵文形式节奏鲜明、韵律感强,适合朗读和记忆,有利于练习者体会普通话语音的美感,建立对普通话的语感,提升学习普通话的兴趣。训练内容的第一部分按照韵文形式进行设计,将所需要强化的语流音变重点内容融入其中。设计内容突显两点,其一是符合练习者的语言水平,紧密联系练习进度,尽量少出现生词和新的句式,以免造成理解负担,分散语音训练的注意力;其二是语句不以辞害意,应具有实际交际意义。

方法二,模仿影视剧中的特定语句,实现"输入"的交际性。在实际的练习过程中,最好给予练习者足够的机会去聆听、观察各类说话者:年轻的和年老的,男的和女的,愉快的和生气的,善言的和寡言的;还有带地方口音的、日常会话的、雄辩的语言风格。练习者想要获得丰富的输入也是可能的,但仍需有意识地拓宽获取渠道。"麻辣汉语"公众号的刘志刚老师就给出了这样一种思路:将影视剧资源进行剪辑拼接,实现同一句话在不同交际场景中的反复出现。如该公众号推出的《我喜欢你》剪辑片段,短短52秒的视频片段中,不同影视剧人物说"我喜欢你"近30次。影视剧语音一般接近普通话发音,情景具有交际性,语音语调自然,经过剪辑后即使大量输入也不会导致练习者疲惫。受此启发,可以在练习过程中选取常见的交际语句,进行影视剧相关内容的查找和剪辑,结合练习顺序进行呈现,确保练习者获得大量的非自然状态下的言语输入。

方法三,学唱经典诗词歌曲,体会普通话的音乐美。普通话语音乐音较多,本身就具有很强的音乐性。将与诗歌内容相关的演唱视频进行剪辑,提供给练习者欣赏,目的是让练习者通过聆听、观看、模仿诗歌的演唱来体会普通话的音乐美。作为语音训练的环节之一,经典诗词歌曲的出现绝不仅仅是要求练习者会背几首中国诗歌,而是让他们从意境优美、旋律动人的诗句中体会普通话的美好之处。

第三节 发声腔体的合理控制

一、呼吸控制

(一)呼吸器官的构造和机能

呼吸系统是人类声音的发动机。如果把人的整个发音器官比作一架风琴,那么呼吸器官的作用就大体相当于"风箱"的作用——为人类发声提供动力。主司呼吸的器官由肺脏、气管(包括支气管、小支气管、微支气管)、横膈膜(膈肌)、胸廓以及腹部肌肉共同构成(包括口、鼻、咽喉),依靠这些器官吸纳或呼吐气息才能发出声音。这几部分是人类呼吸运动的联合体,单凭某一部分的力量很难形成强有力的呼吸,无法适应艺术语言的发声要求。与呼吸运动关系最为密切的当属膈肌和腹肌。

(二)呼吸的主要方法

有三种呼吸方法是大家耳熟能详的,分别为胸式呼吸法、腹式呼吸法以及胸腹式联合呼吸法。

第五章　播音主持的语音发声

1. 胸式呼吸法

胸式呼吸法又叫作肋式呼吸法或肩式呼吸法。此种呼吸方法的原理是单靠肋骨的侧向扩张来吸气，吸气时肋间外肌向两边向上拖动肋骨以扩大胸廓。由于使用这种呼吸方法在吸气时横膈膜向下移动幅度较小，没有明显变化，肋骨的侧向扩张范围也小，所以吸入胸腔的气息量就少。使用这种呼吸法的大多数人在吸气时都会双肩向上抬，由于吸气位置浅，运用到管乐中就会出现气息不足、吹出来的音发抖等问题，更有甚者会因为气息不足导致脑部缺氧而头晕。相较于另外两种呼吸方法其声音听起来较虚，给人一种飘在天上的感觉，听起来很不踏实。在发声时使用胸式呼吸法的弊端会比较明显地显现出来，声音没有支撑点，摇摇欲坠。而且使用这种呼吸方法的力量集中在胸部，重心相对于另外两种呼吸方法是靠上的，所以有些使用胸式呼吸法的人在发声时就会出现重心不稳的情况。虽然也有人肯定胸式呼吸法，但是随着时间的推移，人们实践后发现相较于另外两种呼吸方法，胸式呼吸法的弊端较多，所以胸式呼吸法的使用人数相对较少。

2. 腹式呼吸法

腹式呼吸法又叫作横膈膜呼吸法。顾名思义，这是一种主要靠横膈膜的上升或下降进行发声的呼吸方法。

（1）腹式呼吸的最早记载及概念

查阅相关古籍资料发现，最早记载腹式呼吸是在《灵宝毕法》一书中，这是我国第一本系统阐述内丹功功法及理论的书籍。书中指出，"神识内守，鼻息绵绵，以肚腹微胁脐肾，觉热太甚，微放轻，勒腹脐。未热紧勒，渐热即守常。任意放志，以满乾坤，乃曰勒阳关而炼丹药"。书中还提到将内丹功功法的修炼分为 7 段，其中前 3 段（"匹配阴阳""聚散水火""交媾龙虎"）要求采用腹式呼吸（闭气留腹），诱导入静。其中，"闭气留腹"应该是目前发现的最早有关腹式呼吸的记载。

腹式呼吸训练治疗概念最早是在 1938 年由美国学者索尔德（Soldy）等人提出的。2002 年我国公布了"腹式呼吸运动"这一医学名词，并将其主要运用于医学方面。经过一段时间的发展后，王瑞元教授在其所主编的《运动生理学》中对"腹式呼吸"进行了概念界定并不断将腹式呼吸融入、贯通于体育运动中，他将腹式呼吸定义为：膈肌舒缩时，腹部随之起伏，以膈肌活动为主的呼吸运动称为膈式运动或腹式呼吸。我国学者的相关后续研究中对腹式呼吸概念的定义有细微差别，但所遵循的总体思想依旧是王瑞元教授所提出的概念。

结合前人的研究成果，可以将腹式呼吸定义为：个体通过有意识地延长吸、呼时间，以腹部起伏进行深、缓有规律的呼吸运动。相较于胸式呼吸，腹式呼吸可以有效地改善心血管和呼吸系统的功能。这是因为胸式呼吸主要是通过肋间外肌的收缩引起胸骨、肋骨运动，从而增大胸廓的前后、左右径。而腹式呼吸主要是通过膈肌的收缩来增加胸腔的上下径，胸腔的上下鼓动使腹部的内脏器官摩擦增加，血液循环加速。同时，腹式呼吸与胸式呼吸相比，呼吸过程更缓、更深，在吸气过程中，肺底部的肺泡能够更充分地扩张，延长了氧气和肺泡的接触时间，使氧气能被充分利用。临床研究结果也表明，与胸式呼吸训练相比，腹式呼吸训练可更加有效地减轻脑卒中后疲劳患者的疲劳感，改善其呼吸功能与膈肌功能，提升其运动功能与日常生活能力。

（2）腹式呼吸的分类

腹式呼吸分为顺腹式呼吸、逆腹式呼吸两类，它们都是采用慢节律的简单训练方式来进行呼吸。

①顺腹式呼吸。顺腹式呼吸也被称为等容呼吸，是在吸气过程中，横膈膜收缩下降，肺部得以扩张，腹腔壁肌肉收缩，使得腹部做涨起动作；呼气时将横膈膜上推回到原始位置，以此挤压肺部，将原来吸入的空气经气体交换后以二氧化碳的形态排出体外，使得腹部做收缩动作。顺腹式呼吸的腹部变化与人体正常呼吸的变化形式相差不大，即吸气时小腹涨起、呼气时小腹缩回。在呼吸过程中可将腹部动作幅度加大、呼吸时间延长，以便更好地按摩内脏器官。

②逆腹式呼吸。逆腹式呼吸是与顺腹式呼吸完全相反的呼吸方式，它主要依靠横膈肌的收缩活动进行。在吸气过程中，腹腔壁肌肉收缩、横膈肌上升，挤压内脏向上，此时小腹收缩；呼气时，腹腔壁肌肉舒张、横膈肌下降，此时小腹涨起。通过此方式进行气体交换能够比平常呼吸时吸入的气体量更多、更大，从而让人体获得更多的氧气，满足身体生理活动的需求。

（3）腹式呼吸的生理机制

①从传统医学理论角度。腹式呼吸应当属于健身气功"三调"中"调息"的手段之一。在释家气功经典著作《童蒙止观》中明确了"调息"的具体标准，即"不声、不结、不粗，出入绵绵，若存若亡"，这就要求人们呼吸时尽可能达到细、匀、深、长。

从古代养生思想学说来看，腹式呼吸应当属于"静功"之一，这与东汉末年出现的"内丹术"是一致的。提到"内丹术"就不得不说起"丹田"在其中所占据的重要地位了。"丹田"一词最早见于东汉的《素问·本病论》，当时的"丹

第五章 播音主持的语音发声

田"是指人体中的"丹田"穴位。但随着时代变迁,研究者越来越多,关于丹田位置及其作用的论述也变得更加详尽。

现在所说的"丹田"一般是指"下丹田",在肚脐下三指小腹正中腹白线的位置上。而早在东晋时期,著名的养生家、道教理论家、医学家葛洪在其编著的《抱朴子·内篇》中第一次明确提出了"三丹田"的说法,并对"三丹田"位置进行解释:"或在脐下二寸四分下丹田中;或在心下绛宫金阙,中丹田也;或在人两眉间,却入一分为明堂,二寸为洞房,三寸为上丹田也。"自此书明确提出后,在之后的一千多年时间里历代气功家无不将其奉为圭臬。但因时间流逝及不同流派的出现,关于"丹田"的部位和名称虽有略微变动,但大体都相差甚微。经过长期的实践及经验总结后,近现代的中医学家、气功家比较认可的"三丹田"位置分别为:脑区域为上丹田、心区域为中丹田、小腹区域为下丹田。由于意守"上丹田"和"中丹田"容易出现偏差,因此,一般研究中所说的"意守丹田"主要指意守小腹区域(即"下丹田"),同时这也是大部分人认同的意守位置。

在传统中医理论中,丹田具有藏精纳气的生理功能,而五脏中的脾、肺、肾与人体生理物质中的气、精、血有着密切联系,所以,丹田的生理功能与脾、肺、肾三脏器形成紧密关系。有现代研究证明,意守丹田不仅能让练习者快速入静,还能调节自主神经系统和内分泌功能,改善身体的气血循环过程,优化生命状态,从而达到延年益寿的最终目的。

②从近现代生理学角度。近现代有关腹式呼吸的研究对呼吸时的生理结构进行了解剖,发现在呼吸过程中起关键作用的结构为膈肌和腹肌。膈肌横跨连接肋骨、胸部、腰部的肌肉,是呼吸肌群最重要的一部分,其功能占所有呼吸肌功能的60%以上。呼吸时参与的腹部肌群有:腹直肌、腹外斜肌、腹内斜肌、腹横肌。同时,相较于平静呼吸,膈肌在进行腹式呼吸时会产生更大的幅度,其上下幅度约为平静呼吸时的3~4倍(大约为7~10 cm);并且人体在进行深而缓的呼吸时肺泡的更新速度要比浅而快的呼吸更快,动用的肺泡数量也更多。结合参与腹式呼吸的肌群来看,如若坚持进行腹式呼吸,则能使腹部肌群进行长期运动而达到锻炼的效果,从而减轻腹部肥胖的发生。

横膈肌位于胸、腹之间,是人体中唯一一个连接机体的结构。而人体内的五大脏器都直接或间接与横膈肌产生联系:肝脏直接附着在横膈肌上并形成肝膈面;心脏通过纤维心包这一中介与横膈肌的中心腱间接相连;脾脏在膈脾韧带和脾肾韧带的中介作用下使脾脏与横膈肌形成连接;肺则通过覆盖在胸膜外的胸内筋膜附着在横膈肌上而形成间接连接；肾脏的前后筋膜在肾的外缘向上延伸为横膈下筋膜，并悬吊在横膈肌上，与横膈肌形成联系。由于横膈肌在腹式呼吸过程中不断做上下运动，使得腹腔内压力根据横膈肌的运动而不断产生变化，同时能够带动或按摩五大脏器和其他内脏，因此，进行有规律、有节奏的腹式呼吸在一定程度上会对上述脏腑产生影响。

在现有的一些文章中，相关学者对心肺与横膈肌位置关系进行了重点阐述，并且《难经》中也曾提到心肺与膈肌的位置关系："心者血，肺者气，血为荣，气为卫，相随上下，谓之荣卫，通行经络，营周于外，故令心肺在膈上也。"通过这些描述也能知晓心、肺在腹式呼吸中占据着重要地位。

（4）腹式呼吸的训练方法

腹式呼吸为一种有意识的呼吸方式，呼吸时要腹壁上下起伏配合运动，确保深缓而有节律。通常是结合语音指导来练习，如在吸气时尽量让小腹鼓起，在吸气达到极限后，稍作停顿，然后再缓缓呼气，而此时要尽量使得小腹收回。节律缓慢而深，维持在 6～10 次/min 的频率，判断的标准是不感觉憋气。每次 15～20 min，一天 3 次。除此之外，其训练方式还有仪器引导以及语音与仪器相结合的训练方法。有学者在研究中选择了孕妇，在孕妇下腹部绑上电子胎心监护仪的宫缩探头，然后以语言为引导，监护仪能够将腹式呼吸的波形描记下来，能够通过图形进行腹式呼吸频率的指导。腹式呼吸的训练方法不是单一的，但通常语言引导是应用较广泛的，因为简便易行，易于被接受。

3. 胸腹式联合呼吸法

胸腹式联合呼吸法是目前被大家所公认且最科学的呼吸方法，是将胸式呼吸和腹式呼吸结合起来运用的呼吸方法。吸气时，不仅横膈膜会向下延展，胸廓的横径和前后径也会有一定程度的增大（这里的胸廓指胸廓下口部位）。有不少人认为胸腹式呼吸法会比腹式呼吸法所吸入的氧气量大很多，但胸腹式呼吸法的优点不能从气量上来说，使用腹式呼吸法胸腔也会有一定程度的扩张，因此在吸气量上来说其实是差不多的。相较于腹式呼吸法，其优点主要体现在音色上。使用腹式呼吸法气息压得较"死"，发出来的声音往往会较为僵硬，而演奏出的乐曲旋律也没有流动性。反之，胸腹式呼吸在呼吸时气息的着力点不像腹式呼吸那么往下，既将气息沉了下去，音色上听起来又不死板，声音有支撑点、有张力，发出的声音的情感表达以及表现力都会更好。

胸腹联合呼吸使胸、膈、腹三者产生联系，增强了呼吸的稳健性，便于调控，易形成坚实、明亮的音色。因此，它是一种最为理想的呼吸方法。

日常谈话时的呼吸，吸气肌肉群与呼气肌肉群各司其职，彼此联系不多，而有控制的呼吸则要求这两组肌肉群协同动作。吸气肌肉群不仅在吸气过程中起作用，在呼气过程中仍然要继续保持一定的紧张度，与呼气肌肉群形成对抗的力量，以控制呼出气流的疾徐强弱。

（三）播音主持语言对气息的要求

1. 稳劲

气息的稳劲也可以解释为"实"，即追求沉实、平实、匀实。气息的稳劲状态是通过吸、呼两大肌肉群的对抗实现的。

在呼气过程中，"拉住"的感觉具有决定性的意义；如果感觉不到它的存在，气息控制也就无从谈起。气息的稳劲与否，还与喉部的控制力有关。另外，唇舌有力度、声音弹性好也会产生节制气流的作用，增强稳劲感。

2. 变化

对于气息的变化，则是一种高层次、美学意义上的追求（稳劲只能说是基本的要求）。气息稳劲持久了并不等于就富于变化。具体到每一篇作品，气息如果不能随内容和情感的变化做相应的调整，再稳劲持久的气息也派不上多大用场。变化的气息，究其实质就是吸、呼两组肌肉群表现出的力量差。差值越大越容易发高音和强音，反之则只能发低音和弱音。前者是强控制，后者是弱控制。气息的弱控制难度更大、更精细，需要在一定的强控制基础上去把握。

（四）呼吸控制训练方法

呼吸控制训练与其说是一种方法，毋宁说是一个循序渐进的口语实践过程。理论学习需要一定的时间，技巧的习得和正确状态的巩固更需一段相当长时间的训练。

1. 闻花式训练法

闻花式是一种生活体验，也是一种自然动作，很少有人能够在自己玩耍的时候还想到发声技巧。所以，虽然这是一种容易掌握的吸气练习方式，但是在实际练习的时候也是最容易被我们忽略的方法。练习闻花式吸气其实并不难，练习时必须依靠丰富的想象力才能进入凭空感受的境界。练习者应通过认真的内心体验，使闻花式吸气深沉且适度；想象我们面前就有一朵花，散发着淡淡的幽香，很想靠近去闻一下的感觉。在整个练习的过程中，练习者要重视一些细节性的动作，例如，练习时不要过分紧张，既要注意自然放松，又要做到主动积极。

2.叹气式训练法

叹气是我们在生活中经常会遇到的情形，也是一种向下叹息的呼气方式。有些时候，事情发展不如意，我们总是会忍不住叹一口气。这实际上是我们呼气的一种方式，只不过我们在生活中不太在意叹息。播音主持中所运用的叹气式呼气方式实际上借鉴了我们生活中的叹气，练习时要注意放松，保持伤感的情绪。

二、口腔控制

（一）口腔机能与咬字器官配合要领

从发音的角度讲，口腔主要有两个功能：一是作为共鸣器官，可使喉原音扩大和美化；二是充当咬字器官，人类的各种字音都是在口腔里"做"出来的。而咬字器官是一个协同动作的整体，各部门相互关联又有分工，对吐字的质量起着不同的作用。这些口腔部位对于呼出气流构成的各种态势的障碍可以形成不同的辅音，从而造就了不同的元音。口腔肌肉的每一次松紧都会构成一个独立的音节。

要使字音发得准确、优美，首先要重视锻炼咬字器官，重视口腔内各器官的有机配合，创造一个良好的口腔环境。这是掌握吐字归音技巧的先决条件。咬字器官的配合要领包括：打开口腔；力量集中；字着前腭。

（二）吐字归音

"吐字归音"是指汉语音节（汉字）的"出字"和"收音"技巧，它源于传统戏曲、相声、单弦、大鼓词等说唱艺术。长期的发声实践证明：吐字归音技巧的应用可以大大提高语言的艺术性，收到字正腔圆的美学效果。

在吐字归音过程中，要求每一个音节的发音在不同的阶段要做不同的处理，字头、字腹、字尾分别对应出字、立字、归音，字头对应出字，字腹对应立字，字尾对应归音。在普通话发音过程中应把握好出字、立字、归音的具体要求。

（三）口部运动训练

1.唇部练习

唇部练习旨在提高圆唇、展唇、圆展唇交替运动及双唇闭合的能力。首先，要准备好压舌板等用具。其次，要明确以下操作步骤。

①展唇：咬紧牙齿，做微笑动作，发"i"声，维持5 s，做5次。

②圆唇：拢起嘴唇，做亲吻的动作，发"u"声，维持5 s，做5次。

③圆展唇交替运动：交替发"i""u"声，然后放松，快速重复 5～10 次。

④唇闭合能力：闭紧双唇，维持 5 s 后放松，重复做 5～10 次；进行双唇音的练习，/p/+ 韵母，每个音节重复 10 次。

⑤闭紧嘴唇，夹住压舌板，指导者用力将其向外拉，重复 5 次。

2. 舌运动练习

舌运动练习旨在扩大舌的运动范围、增加力量及提高协调控制能力。舌的运动包括舌前伸、左右运动、舌上抬及抗阻等。首先，要准备好压舌板、一次性手套等用具。其次，要明确以下操作步骤。

①舌前伸运动：将舌头尽量向前伸出口腔外，坚持 5 s 后缩回放松，重复 5～10 次。

②卷舌练习：张开口，舌尖抬起到门牙背面，贴硬腭往后卷即卷舌，维持 5 s，然后放松，重复 5 到 10 次。

③舌左右轮替运动：舌尖向前伸出后，转向左/右侧唇角，维持 5 s 后放松，重复 5～10 次；随后舌尖快速地在左右两侧唇角间进行轮替运动，在保持运动范围的基础上逐渐加快速度。

④舌左右抗阻：训练者将舌尖放置在左右两侧唇角并施加阻力，保持在终末位不动，坚持 5 s，重复 5～10 次。

⑤舌前伸抗阻：训练者将舌头伸出，用压舌板施加舌回缩方向的阻力，维持 5 s，重复 5～10 次。

⑥舌上抬抗阻：训练者将舌头伸出后并向上运动，用压舌板施加向下的阻力，维持 5 s，重复 5～10 次。

⑦舌灵活性训练：用舌尖舔上下牙齿，做"刷牙"的动作，重复 5～10 次；同时当训练中出现舌痉挛时，该方法可用作放松。

⑧舌根上抬：将压舌板放置在舌后部，向下加压，嘱咐训练者发"ke""ge"。

⑨发音练习：重复发"da""ga""la"，每个音发 10 次。

三、喉部控制

（一）喉部机能

喉头和声带介于咽和气管之间，狭义的理解就是我们平常所说的"嗓子"。一个人音质的优劣尽管是各发音器官通力协作的结果，但与嗓子这个具有发声功能的代表性器官有着密切的关联。嗓子位于气管上端尽头处，自肺部呼出的气息只有上行到嗓子，形成供共鸣器官调制音色、音量，供咬字器官加工语音的喉原音，才算真正进入了发音阶段。

一般来讲，喉部空间指的是喉腔，喉腔内部主要以声带为界分为：声门上区、声门区和声门下区。其中，声门上区包括会厌、室带、喉室等。声门区包括声带，位于声带之间，包括两侧声带、前连合、柱状软骨和喉连合。

会厌：会厌软骨属声门上区，发声时会厌上举。

室带：又称为假声带，在声带上方与声带平行。演唱戏曲的歌者常用，美声演唱中的假声与假声带没有关联。

喉室：在声带和带室之间，是开口为圆弧形的腔隙，喉室呈裂隙状。

声带：在带室下方，左右各一片，由韧带、声带肌和黏膜组成。声带后端附着着杓状软骨。声带张开时会出现一个类似等腰三角形的裂隙，也被称为声门，是日常发出基音的重要器官。在歌唱中声带相当于我们的振动器，其中，声带的拉长与闭合都与杓状软骨及环甲肌有着密切的联系。声带拉长主要是由环甲肌牵动向下拉伸引起的，外部表现为喉部下移。声带完全闭合是由环杓侧肌拉动杓状软骨摇动形成的，声带完全闭合才能使我们的音质干净、明亮。通过对声带使用机理的了解，我们发现声带在歌唱时的拉伸和闭合可以使声音音色和音高产生一些变化，那么控制喉部也不能仅仅依靠表面或者心里意识去控制，必须有协调喉部的肌肉能力，才能够发出漂亮的音色。

作为我们生命的重要通道的喉部承担着发音、呼吸、辅助吞咽等生理功能，在演唱中主要发挥控制音高、音强等瞬间变化的作用，并且也是歌唱技术中非常重要的部位。

呼吸气流是发声的动力，气流的变化使发声时声门上下产生压力差从而克服声带内收阻力，使得声带产生振动后发出声响。

（二）声带能力训练

1.指导语及操作步骤

①深吸气后，以自己舒服的音调发 /ɑ/，尽可能大声并长时间坚持。

②深吸气后，使用 /u/ 从最低音调滑动到最高音调，达到最高音调时维持 1～2 s。

③深吸气后，使用 /nor/ 从最高音调滑动到最低音调，达到最低音调时坚持 1～2 s。

每组训练重复 5～10 次。

2. 注意事项

①鼓励训练者以前位聚焦的方式柔和地发出所有音调。
②发平调 /ɑ/ 时要保持良好的音质，不要过高或过低。
③发降调音时不要出现气泡音。

第四节　情、声、气的完美融合

一、情、声、气的内涵

播音主持是一种艺术再创造活动，而优秀的播音员、主持人总是依据所述内容，创造出有声有色、声情并茂的播音作品。所以，理解、掌控播音主持中的情、声、气的关系显得尤为必要。

（一）"情"的内涵

1. 情感的概念与分类

情感是人对客观事物的一种特殊的心理反映。所谓情感，是指人对客观事物的一种态度，是由一定的客观事物而引起的一种倾向。它是人类活动中不可回避的现象，并广泛涉及心理学、社会学、文化学和美学的方方面面。

（1）情感的概念

在研究趋势上，情感大致可以分为三种：一是心理学和神经科学，侧重于研究"情感"发生的大脑机制；二是社会科学，侧重研究情感产生的社会因素；三是人文学科，着重于研究情感表达的历史变迁。心理学把情感定义为："人对客观现实的一种特殊反映形式，是人对于客观事物是否符合人的需要而产生的态度的体验。"不论对于个人来说，还是对于社会来说，情感在人的生存过程中都是至关重要的。情感是人自身在应对外界事物时的一种生理反应，由人自身的需求和期望决定。相对于情绪而言，情感具有倾向性、深刻性、稳固性、效果性，对人的行为的影响力更大。

对于"情感"的理解，中国古代哲学家也给出过解释，儒家、道家、佛家都清楚认识到"情感"的问题，并将它作为最基本的存在问题纳入他们的哲学思想中。儒家还将"情感"作为人之所以存在的问题进行讨论，将"情感"作为人内心的主要内容，解决人和万物之间的关系问题。

苏联心理学家雅科布松（Jakobson）认为，情感是以特有的方式，以人对这个世界的事物和现实表现出来的主观态度的形式去反映现实世界。苏联心理学家彼得罗夫斯基（Petrovski）则将情感定义为："情感是人的各种现实关系，是需要的主体与对他有意义的客体的关系在他头脑中的反映。"

（2）情感的分类

情感是非常复杂同时又十分具有个人特点的。不同文化可以孕育出具有不同情感的人，这一事实证明了人类大脑惊人的可塑性。情感的复杂性也为情感研究带来了难度，对于情感，不同领域的学者对其提出了不同的分类方法，我国也早就有相关研究。

儒家关于情感的分析中大概将情感分为"亲情、敬、乐""喜怒哀乐之情""四端之情""诚信之情"以及"七情"。在上述情感中，儒家又根据情感的属性将各类情感进行了更加细致的分类，分为道德情感、审美情感、宗教情感、私人情感、生活情感以及自然情感等。"亲情、敬、乐"是人最原始的自然情感，是儒家哲学的出发点，但"敬"同时具有敬畏的意义，被赋予了一层宗教色彩。"喜怒哀乐"原本是归属于自然情感的，经过《中庸》的论述后，提出"未发已发"与"中和"的问题，与社会生活、伦理道德等联系在一起，被赋予了生活情感的色彩。儒家将"四端之情"归为道德情感，"四端之情"是指仁、义、礼、智四种情感，并且将其视为道德情感的核心内容，作为儒学的主要话题之一。"诚信之情"在儒家思想中占据很重要的地位，孔子、孟子、《中庸》以及后儒生都将它提到本体的高度。孔子在《论语·颜渊》中说"民无信不立"，孟子在《孟子·尽心下》中说"有诸己之谓信"，这都说明了诚信之情在人本体中的重要性。但儒家对于这些情感的分类并不十分严格，儒家更注重情感的整体性，注重情感之间的相互联系和影响。

美国心理学家保罗·艾克曼（Paul Ekman）认为人的情感是相通的，至少有一些情感是相通的。在保罗·艾克曼提出这一观点之前，很多人类学家认为人类的情感是独立的，生活在不同文化中的人具有不同的情感体验。保罗通过研究证明了这一点，认为这些情感是共通的、天生的，不是通过后天习得的，他将这些相通的情感称为"基本情感"。基本情感包括快乐、痛苦、愤怒、恐惧、惊奇和厌恶。

哲学家保罗·格里菲斯（Paul Griffiths）认为人的情感不止以上两类，而是有三类。除了最基本的情感和特定文化下的情感以外，还有"高级认知情感"。

格里菲斯认为"高级认知情感"相对于基本情感来说需要更多的脑加工，同时比基本情感更具有文化差异性，形成与消失的时间也更加漫长。

2. 情感的产生和作用

情感在人类心理学中是不可缺少的一部分。有些人觉得情感是人们进化中所遗留的动物天性；有一部分人认为情感是不被需要的麻烦，人应该在做事时用理智和逻辑来处理问题，而且很多研究都只是在关注情感带给人的负面情绪。例如，不好的情感会产生负面的情绪，造成过多的压力、焦虑、恐惧和生气等。但后来在研究中人们逐渐发现，情感是人们日常生活中不可缺少的，它也会给人们带来正面积极的影响。

科学家在研究中表明，处在进化中的高等动物要比没有进化的动物的情感更加复杂和丰富。而在情感丰富的动物中，人类是最为丰富的那一个。在自然界复杂的自然环境下，人体自身的官能进化已经经过了数百亿年，而我们的感觉系统、四肢以及运动系统在这一期间经过进化，已经可以很好地控制我们全身的每一部分肌肉。其中，人们的情感与认知是相互依靠、互为补充的。情感也包括了情绪，它是人们判断好与恶、安全与危机的基础，也是人们在追求更好生活时的一种价值判断。

人在生存过程中会同周围的事物产生各种联系，对任何事物或事情的态度，就是人们的情绪或情感。其中，情绪主要与环境因素所引发的刺激有关，它是生理上得到满足而产生的暂时性的态度体验，主要表现为应激、激情、心境等心理状态。情感是需要人和社会相互联系的一种态度体验，主要和道德、理智、美感等相联系。有些时候，情绪和情感也没有明显的界限，它们都是通过生理与心理的联系对外界环境状态的反应和描述。

情感是人类的重要属性之一，那么情感是怎样产生的？它在人类生活中的作用是什么呢？情感的产生是出于生存的需要。情感并不是神秘的外在赋予的东西，它是一种生物性的机能。情感源自本身的欲望，它是生命体反映客观环境状态及变化的一种机能。情感是人对客观事物所持的心态感受，即个人基本需求与欲望上的态度体验。人们需要具备应对环境的变化能力，依靠调节自身对环境的反应才能生存下去。情感能够让人对行为的结果进行判断，通过愉快或不愉快的情感体验为今后的思想和行为提供参照。例如，产生寒冷、疼痛、饥饿这样的感受时，人们会做出回避或其他行为，这些可以作为以后遇到同样或相似事情时做决断的依据。情感也是生物对欲望和得失在生理和心理上的描述，是生物的生理及心理形态的表现形式。

3. 播音主持中的"情"

播音主持的"感之于外、受之于心"，就是从有声语言创作的角度，把无声的文字变成活生生的语言，把自己经过深思熟虑、精心推敲的话语表达出来，对生活中的语言进行艺术性再创造。

在播音主持中，所谓的"情"就是指播音员、主持人根据播讲目的，使自己的思想感情处于运动状态，以使所述内容具体化。这种在有声语言中所体现出来的思想感情，就是播音主持中的"情"。

（二）"声"的内涵

声音在人类生活的各个方面起着至关重要的作用，是听觉系统的收集并允许人类感知世界的主要感觉信息之一。声音是一种波，可以被分解成不同频率、不同强度的正弦波。而正弦波是频率组成中最单一的信号，任何一个复杂的信号都可以视为由多个频率不同、大小不等的正弦波复合而成。频率和振幅可描述波的重要属性，频率的大小与通常所说的音高对应，而振幅影响声音音量的大小。

1. 声音的产生与感知

人类发声是一个较为复杂的过程，并没有专门的发声器官，发声过程实际上涉及了人体多个器官，是在它们的配合下完成的。为了尽可能多地让人们了解到发声的原理，将参与发声的器官称作发声器官。发声器官可分为三部分，第一部分是动力区，包含了肺和气管；第二部分是声源区，包含了声带；第三部分是调音区，包含了喉腔、咽腔、口腔、鼻腔和唇腔等。动力区的功能是产生并且调节气流，气流从动力区到声腔的过程中，形状会随着发声器官的形态变化而改变，声腔结构的多样化就会产生千变万化的语音。气流主要是在动力区产生的，产生的气流大小决定了发声的强弱。声带是人类发声中极为重要的一部分，声带振动产生声带音，然后在声腔中共振产生声音并且声腔对声音进行过滤。声腔可以分为喉腔、咽腔、口腔、鼻腔和唇腔，声腔的作用就是调节音调以及产生各种不同的声音。

因为不同人声带结构的差异性、声腔结构的差异性，所以不同人声音的音色音调会有较大的差异性。另外，不同人的说话习惯如方言、韵律等也不一样，会让不同说话人的声音独具自己的特色。

声带振动引起气流振动，气流经过声腔过滤后会向外界发出各种各样的声音，声音经过空气等介质传播后进入人耳，人类就可以感知到声音。人类主要靠听觉系统来感知声音，听觉系统大致可分为外耳、中耳和内耳。从耳廓到骨膜部

第五章　播音主持的语音发声

分是外耳，骨膜到听小骨构成中耳，卵圆窗内侧的部分为内耳。人类对声音的感知过程如下：外耳收集声波→声波带动鼓膜振动→鼓膜带动听小骨运动→卵圆膜随着听小骨振动→卵圆膜振动推动基底膜振动→基底膜上神经细胞电位差→听觉中枢感受到声音。就外耳、中耳和内耳而言，外耳的功能是采集周围环境的各种声波，中耳起着将机械传播转为液体传播的作用，内耳起着将物理信号转换成电信号的作用，其中内耳起着更加重要的作用。

内耳最重要的组成部分是耳蜗，形似蜷缩在壳中的蜗牛，而耳蜗中最重要的部分是基底膜。基底膜对声音的反应在不同的地方是不一样的，这是由基底膜独特的结构引起的。首先，顶部膜比基底部宽5倍左右，并且基底部的刚性大约是顶部的100倍，这就导致高频的声音在基底部起反应，而低频的声音在膜顶端起反应。基底膜不同的区域对不同频率声音的感知具有特异性，特定的位置能够感知到特定的频率成分。而基底膜上分布着很多毛细胞，因此，不同区域的毛细胞可以对不同频率的信号编码，人类得以区分不同频率的声音。

基底膜上方有很多毛细胞，可以分为两种，一种是基底膜内毛细胞，另一种是基底膜外毛细胞，这两种毛细胞各自有着不同的功能。内毛细胞主要将电信号传递给听神经；而外毛细胞是一个"放大器"，同时也可以抑制内毛细胞的活跃度，影响内毛细胞的响应，从而对听觉敏感性进行调节。选择性夹带假说的理论基础就是外毛细胞对内毛细胞的调节作用，它指的是当周围有多个声源时，人类能够选择性地听自己感兴趣的内容：对于不感兴趣的内容，听觉系统会抑制其电信号；对于感兴趣的内容，听觉系统会相对放大其电信号。

人类声音是周围环境中我们最熟悉也是包含最多信息的声音，大脑对人类声音的处理不同于普通的声音，对人声的加工存在特异性。人声加工主要涉及三个方面的信息加工，分别是言语、情绪和身份信息，对应于三条既相互独立又相互作用的神经通路。人在声源区产生原始声音，经过声道的过滤作用而向外界辐射出去，人声由频率和振幅时刻变化的声学成分组成。

由于声音由多种不同频率的声学成分组合而成，当声音传入人耳时，结构特殊的基底膜能够将声音分解为不同频段的成分，然后进一步分解成变化速度较快的时间精细结构（Temporal Fine Structure，TFS）成分和变化速度较慢的包络成分。人类在语言的感知以及声源方向定位中主要是利用TFS成分实现的，而包络主要和"内容"相关，它主要有三个不同的功能：第一是帮助划分不同声音的类型；第二是帮助感知不同的音色；第三是在言语内容的理解上发挥着至关重要的作用。包络是形成"内容"神经通路的关键，TFS是形成"空间"神经通路的关键。人声中的语言加工指的是将声学信号转换为电信号以及大脑感知到电信号和理解其中意义的一个复杂过程。

人声的情绪加工是指大脑能从时刻变化的言语信息中提炼出能够表征说话人情绪的信息,进而推断出说话人的情绪状态。人声的身份信息加工指的是每个说话人的发声器官的结构都是不一样的,而且不同时刻声道形状也存在差异性,所以不同说话人声音的声学参数存在很大的差异,能够使用合适的特征表征这些差异性。正是由于不同说话人声音的差异性,大脑对不同声音的反应也存在差异性。大脑能对不同说话人的声音进行分析,然后提取特征用来表征该声音对应的说话人身份,然后将这个人声表征存储在听觉字典中。当人听到一个声音时,会与听觉字典中的人声表征进行对比,最后识别出人声身份。

2. 声音的特征

(1) 声音信号的特征

这里主要从可视化研究的角度分析声音信号的特征。在物理学中,声音信号的特征主要为声强、响度、音高、基音周期。这些声音特征也常被可视化研究者用作可视化任务的数据来源。各单位从垂直到声波传播方向的单位区域叫作"声强",一般声强用声强级来表示。响度是一种主观心理量,是人类的主观感知到的声音强度。通常来说,当声音频率固定时,其声强越强,其响度也就越大。但响度与频率相关,相同的声强而频率不同时,响度也各不相同。响度若用对数值表示,即为响度级。音高也是一种主观心理量,指人类听觉系统在声音频率上有较弱的感受,音高的单位是美尔(Mel)。基音周期是声音信号的一个主要指标,反映了语音动力源的一个主要特点。

可视化任务试验结果显示,声强是人对声音弱的感知与其对数的比例相对应,使用响度级是可视化研究者常用到的声音频率筛选条件。音高在可视化领域并不受重视,因为声音可视化的受众为人类,一般不将超过人类听觉系统声音频率的音频片段作为数据来源。在可视化任务中,声音信号的动态性由均方根振幅决定,对音调使用基频估计器进行估计。例如,通过音高和振幅来判定"无聊"这一情感,针对前三个音节的动态从最小值开始增加,然后减少到中间水平,音高在 50 Hz 范围内保持稳定或略有波动。经过研究可知,在可视化领域,基音周期信息从语音识别、说话人识别、分析和合成、低码率语音编码、发音系统疾病诊断到听觉残障者的语言指导等方面都有着广泛的应用。

在计算机科学中,语音被储存成音频片段。音频主要指人耳可以听到的声音频率为 20 Hz～20 kHz 的声波,其特征涵盖采样频率、采样值、比特率、通道数、帧。

第五章　播音主持的语音发声

采样频率指每秒钟取得声音样本的次数。采样率定义了每秒从连续信号中提取并组成离散信号的采样个数，单位是赫兹（Hz）。采样频率越高，声音品质越好，声音的还原也就越真实，但是资源的比例也会增加。由于人耳的分辨率有限，太高的频率并不能被分辨出来。过高的频率也无法辨别。采样值是用来测量声音波动变化的一个参数，其数值越大，分辨率越高，所发出声音的能力也就越强。每个采样数据记录的是振幅，采样精度与采样位数的大小有关。1字节（也就是8 bit）只能记录256个数，也就是只能将振幅划分成256个等级。2字节（也就是16 bit）可以记录65536个数，是目前最常见的唱片CD标准。比特率是指每秒传送的比特（bit）数。单位为bps（Bit Per Second），比特率越高，传送的数据越大，音质越好。通道数即声音的通道的数目。一般情况下，有单声道和立体声之分。单声道的声音只能使用一个喇叭输出声音，个别音频也处理成两个喇叭输出同一个声道的声音；立体声可以使两个喇叭都发声，通常使用左右声道分工输出，从而达到更好的空间效果。帧记录了一个声音单元，其长度为样本长度（采样位数）和通道数的乘积。而每一帧的总时长为每一帧的采样个数和每个采样时长的乘积。

经过对可视化领域内作品的研究发现，采样值在使用Unity3D引擎作为开发平台的可视化领域是需要格外注意的一个数据。采样值的数据量即Unity中数组储存的数据量，声道的左右分工常作为一种交互，通过声道的偏移或合并实现可视化中的对比任务。

声音信号的形成由文字、音素、发音、刺激共振四个过程组成。文字是用某种方式出现在说话者的大脑中，信息可以被认为具有不同的表达方式，如最初可以用词语或者说话声音来表达。音素是为了"说出"这条消息，说话者将脑内文本转换成对应口语形式，利用符合声音序列的符号表示，将文本符号转换成音素符号。音素符号用来描述口语形式消息的基本声音及声音发生的方式，即语速和语调。发音是神经肌肉系统共同协调的一种成果，肌肉以一种与产生口语形式消息及其语调相一致的方式，通过舌头的移动、唇部的移动、牙齿的摩擦、颌部的开合、软腭的蠕动，使这些声道发声器官按照规定的方式运动，从而发出预期的声音。

（2）声音的情感特征

语音是人类交流中最主要的一种载体之一，既包含了丰富的语义信息，又包含了丰富的情感。通过机器学习的方法对语音的情感特性进行分析，并运用机器学习的方法对语音的情感状况进行辨识，从而在许多情况下得到广泛的应用。例

103

如，在声音可视化任务中，通过对人类情感的辨识，在虚拟现实环境中可视化用户情感，增强人机交互的自然度；汽车驾驶中，通过识别驾驶员的精神状态提高驾驶安全水平；医学中，通过识别患者精神状态提供诊断依据；自动客服中，通过识别客户情感提高客服质量。近几年，随着人工智能的迅速发展，虚拟现实所需要的情感辨识已经成为人机交互领域的一个重要课题。

人类的表达是复杂多面的。例如，说话者不但通过语言进行沟通，还会用韵律、语调、面部表情、四肢语言等。这就是人类更喜欢举行现场的商务会议而不是电话会议，以及在选择电话会议或发短信时会优先考虑电话会议的原因。

语音中情感的自动识别将是一项具有挑战性的任务，对情感的识别严重依赖于语音情感特征分类的有效性。语音情感特征可分为语言特征和声学特征。语言特征即语音所要表达的言语信息，声学特征则包含了说话人的语气、语调，蕴含感情色彩。在可视化任务中，提取关联度高的情感声学特征有助于确定说话人的情感状态。通常以帧为单位提取声学特征，但这些特征一般以全局统计的方式作为模型的输入参与情感识别。全局统计指听觉上独立的语句或单词。在进行语音情感识别时，常用的统计指标有极值、方差、中值、均值、偏度、最小值、最大值、峰度等，少量也涉及韵律特征、谱特征和音质特征。

3. 播音主持中的"声"

受众在收听收看广播电视节目的时候，播音员、主持人的仪态形象首先呈现在他们面前，其中，声音是播音员、主持人整体形象的重要组成部分，是最先被感知的；其次才会对声音所负载的内容进行选择。在这里，声音包括音准、音色、吐字等，它以人类语言交际的长期积淀为前提，同时将同一时代的社会约定俗成作为条件。播音员、主持人的有声语言状况有时可以让听众、观众决定对某一节目的取舍。

（三）"气"的内涵

1. 气息的定义

"气"是宗教哲学中非常重要的一个概念，在其学说中非常广泛地被应用。在西方亚里士多德时期就对"气"的概念进行了初步的探究。后来，庄子等人对其进行更加深入的研究，逐渐形成了"气论"，其主张"气"始于万物、归于万物。"气"这一概念逐渐被引用在医学、武术、艺术等诸多领域，在《老子》《黄帝内经》《道德经》《周易》等诸多古籍中均可发现对"气"的记载。后诸多哲学家对"气"进行了探讨，从董仲舒到王夫之再至梁启超，皆是其学说形而上的基础。而在我们生活中常见的不仅是宗教思想、哲学理论等主观意义上的"气论",还有中医中的针灸、武术中的气功、艺术中的气息等。这些都说明了"气"虽无形,但却随处可见。

一般来讲,可以将"气"大致分为两种:一种是观念中的气,也就是我们常见的气息、呼吸、气质、气韵等词语,也可以称之为感性方面的气;还有一种是我们肉眼可见的气,而这种气多用于动力发动,如蒸汽发动机、真空泵等都是生活中常见到的利用气体产生动力的例子,也可以称之为"理性"方面的"气"。由此可见,"气"不仅在意念中,在现实中也是十分重要的。

2.播音主持中的"气"

在播音主持艺术语言中,无论是嗓音的使用、所述内容的连贯性、吐字的力度,还是声音色彩的变化无不渗透着气息的重要作用。

"气是音之帅",没有气息,声带就不能颤动发声,但使声带发出声音还是不能体现气息的作用。嗓音之所以富有弹性和能够耐久,和源源不断地供给声带的气流有关。字正则必须保证发音方法得当,要腔圆必须调整共鸣腔,这一切都和气流的运用有关,字正腔圆必须建立在气息的基础上。

二、情、声、气的关系

情、声、气之间的关系分析如下。

(一)声随情出,传情达意

播音主持艺术主要靠有声语言来传情达意,声音是播音员、主持人的主要创作手段。播音主持之所以成为艺术,源于声音已经艺术化了。有声语言已经不是单纯的生活语言了,声音、吐字、用气都已经被扩大和美化了。用于播音主持的声音要有美感,还需以声传情,以字词传意。若吐字不清,音调虽和而动人不易。

播音主持艺术发声的目的就是传情达意,只有使声音艺术化,才能将情感淋漓尽致地抒发出来。可以说,情是内涵,声音是依托,声音是外在的表现形式,是为情服务的。

(二)以情带声,以声传情

掌握发声技能的目的是提高发声能力,注意力会集中在声音上,但用声的最终目的是为情服务。所以,气、声的调节都是以情感为主导的。情是内涵,气是动力,声是载体,气、声是为情而发的;情动于内,声发于外,情是内在的、起主导作用的。有什么样的情，就有什么样的声音。读稿、念稿流畅是任何人都可以做到的，但是要把稿件中自己想叙述的语言转变成让广大受众所接受的，让自己接受稿件刺激后产生相应的感受、态度、情感，进而产生一种主动播讲、主持的愿望，让受众一起分享，这样才能达到情之所至的目的。这种情必须有明确的语言目的，必须有具体、丰富的思想感情运动。

　　播音主持中的情是主导，思想感情的运动状态带动着气息的变化，并通过发音器官的协作产生打动受众的情感。气随情动、融之于声、声随情动、传情达意，这就是情、声、气的关系。中国播音学强调：要实现规整性和多样性统一，创造出丰富多彩的播音主持语言特色。解决情、声、气之间的关系问题，不是凭一时的热情、急于求成所能办到的，没有捷径可走，只有循序渐进、持之以恒、刻苦练习才是唯一的道路。

第六章　播音主持的语言表达

播音主持的语言表达要有创作准备，情感、态度和分寸恰到好处，传递出文字之外的内容和信息，善于运用一定的方法调动和表达自己的思想感情，这也是播音主持应具备的一项重要能力。本章分为创作依据的准备与思想、调动思想感情的方法、表达思想感情的方法、即兴口语表达的方法四个部分。

第一节　创作依据的准备与思想

一、创作依据的准备——备稿

这是具体的播音创作过程中的第一个环节，是播音创作活动的开始。播音是播音主持在话筒前的有声语言创作活动，播音主持必须忠实、准确地反映稿件的精神实质，鲜明、生动地传达稿件的思想感情，才能圆满完成播音任务，才能实现稿件的传播目的。

文稿播音的创造性集中地体现在将文字稿件转化为有声语言的符号转换过程中。稿件的文字语言诉诸播音主持的视觉，由此转化而来的播音有声语言诉诸受众的听觉，是稿件内容的两种不同存在形式，各有不同的物质形态。稿件是作者对客观世界的认识的反映，是作者思维活动的成果。播音主持要将这一思维成果转化为清晰、准确、生动感人的有声语言，必须深入稿件中去，并透过稿件认识其反应的现实生活，把握作者的思维过程，领悟、体味作者的认识成果。播音主持接触到的稿件内容纷繁、形式多样，所涉及内容的深浅、雅俗幅度很大，风格各异。这众多而丰富的内容不可能都为播音主持所熟知，只有在备稿上狠下功夫才能应付自如，保证准确无误，才能清晰从容地传达稿件内容，为受众服务。

播音主持创作的备稿可以分为广义备稿和狭义备稿。

广义备稿是播音主持创作的基础，播音主持掌握稿件、表达稿件的思想文化及语言基本功的锤炼，实质上反映播音主持的修养。这就要求播音主持平时注意各方面知识的学习和积累，培养较高的思想政治觉悟和理论水平；积累广博的文化知识和生活体验；具备较高的艺术修养和熟练的语言表达技巧，为播音再创作提供坚实的基础。

狭义备稿是播音主持播出稿件的具体准备方法、要求和步骤。狭义备稿的步骤如下：①划分层次。对稿件的句、段进行整理，从播音的角度对稿件中的自然段进行归并和划分。②概括主题。既要揭示出稿件深刻的思想含义，又要有利于调动播音主持的思想感情。③联系背景。联系稿件的播出背景，和稿件有关的党和政府的路线、方针、政策等，国际、国内各方面的现实情况及其变化。分析背景是为了更好地把握稿件中的政策精神和播音的针对性。④明确目的。明确稿件播出要达到的宣传目的，结合现实情况去分析。⑤分清主次。找出稿件中的主次内容，重点是为了在播讲中有主有次。⑥确定基调。基调要求播音主持的表达与理解感受统一，要求声音形式与稿件的体裁风格统一，体现播音主持对稿件认识、感受的整体结果。

播音主持的语言创作受到语境的制约，要与大时代接轨。只有与时代特征相联系，把握时代的发展脉搏，坚守时代的创作立场，符合大众传播当下的语境，播音主持的语言创作才能获得新的生命力，才能取得较好的传播效果，从而受到受众的青睐和喜爱，才能更加具有现实意义和历史意义。播音主持在备稿中还要激活文字语言，从对词语概念的理解感受开始，深入具体的语境，借助联想与想象，运用推理和判断，使得受众真真切切感受备稿所蕴含的内容实质，产生连通和共情。"言为心声"，说真正想说的，说真正感受到的，用真心换真情，用真情传真爱。真实情感的流露能激发起受众的热忱，让受众听而信、听而悟、听而行。虽然媒体手段在不断革新，受众需求在不断变化，但是"内容为王"的创作核心、"目的为魂"的创作规律不能变。播音主持的语言追求人文表达，追求有历史感的厚度，也追求有时代感的高度。

播音主持创作的语言特点通常包括规范性、庄重性、鼓动性及时代感、分寸感、亲切感，专业讨论中我们常称之为"三性三感"。

①规范性是一个社会所有活动的共同特征。在播音主持的语言表达中，规范性体现在普通话的运用及推广上。普通话的使用在播音主持创作中能够令受众更易接受和理解稿件内容本身，传递稿件信息，交流情感，以最标准正统的普通话

第六章　播音主持的语言表达

形式进行传播，进而展现中国汉字及标准化语音的文化美学色彩。当然，规范和流行用语、方言是不矛盾的，某种网络语音语调、说话方式只能在社会发展过程中流行一时，稍纵即逝。在播音主持创作中，流行用语和方言的运用在某一层面上能够吸引部分受众，但过分追求腔调和语音的怪异势必会产生创作的局限性。

②庄重性是播音主持以有声语言、副语言为创作手段，在语言表达方面所要着重强调的特点。庄重性代表着备稿内容的可信度，要遵循事实的客观来源，保持态度庄重、神情郑重，体现使命担当。庄重性可以做到"寓庄于谐"、风趣幽默的话语样态，也可以"寓教于乐"、欢愉喜庆地进行表达。

③鼓动性。鼓动性意味着有声语言创作具有鲜明的目的性，目的是让受众获得信息、受到启迪，引起读者关注和思考，树立正确的社会价值观及人生观。播音主持有责任和义务在大众化的多媒体时代树立思想标杆，以"己"微薄之力推动社会大众思想发展进程，激发其面对生活的热情，增强实现宏图伟业的信心，这才是播音主持事业工作者所应承担的义务。

④时代感孕育着有声语言的发展方向，显示出有声语言的当下发展趋势，无论是广播电视传统媒体还是互联网移动终端新媒体，都需要具备时代氛围和时代精神，在语言表达中体现在词语特征和副语言的运用，播音主持的着装造型、神态身姿、表达特点都是时代感的集中显现。当今时代，"短平快"是新媒体平台创作的最大特点，因此播音主持的语言表达不得不增加有声语言的内涵和表达活力，慢条斯理、僵直刻板的语言样态已经不能适应时代要求。

⑤分寸感。老一辈的播音艺术家们极为重视有声语言创作的准确性，内容主次、情感浓淡、遣词造句、话语态势是驾驭创作的核心要素，正是我们所说的"分寸感"。人人都是参与者，人人都是创作者，因此创作主体应严格把握分寸，包括"政治分寸"和"艺术分寸"的分寸感，以及"什么该说、什么不该说、该说什么、该怎么说"，表现在词语、段落、篇章的思想高度。

⑥亲切感。在信息传递的过程中，信息传播的效果与传播主体的表达方法有关。亲切感既不是一种规格也不是一种模式，往往低声细语、柔声软语是对亲切感的狭隘理解。亲切感营造的是一种氛围，让传播主体和受众双方产生融合共情的化学反应，互相理解尊重，彼此敞开心扉。播音主持创作内容的呈现要能拉近与受众之间的距离，以此来增强传播效果，吸引受众停留。

二、创作过程中思想的运动状态

播音主持创作中思想经过"感受　态度　感情"的运动状态。感受对于播音

109

主持创作来说，是播音主持因语言符号（文字的、声音的）达于客观事物，从而接受其刺激并主动体验产生内心反应的过程。感受本身也是随着理解的深化、感情的积聚由浅到深反复推进的。态度就是创作者对外界刺激的估量、判断、评价，随语言内容变化而变化。赞扬或批评都应该是鲜明的、分寸恰当的，贴切地体现在播音的有声语言中，播音主持的态度应该是正确的、明朗的。播音主持创作中不同的感受和不同的态度形成了不同的感情。感情比感受更积极、更深刻，反映创作者的道德、理智、经验，表现出情操、性格、毅力等个性。

播音主持创作中，情景再现、内在语、对象感也是创作主体思想情感处于运动的三种状态，是能够调动创作语言的思想感情的三种方法。播音主持创作要有更强的感知能力和想象力，对于文本稿件中的人物事件、情节场面、情绪体验等都要在脑海中生成"影像"；而我们在"发语""转换""回味"时，不仅仅要理解文本表层含义，更要琢磨"象外之象""意外之旨""蕴外之韵"；而对象感必须是具体的，只有心中产生具体的话语传递对象，才能够发挥语言表达的积极作用。

同时，播音主持创作中较强的情感传播张力也能够影响创作的语言表达。在播音主持艺术中，张力的体现需要播音主持外延和内涵的有机结合。张力的内涵主要体现在播音主持的声音基础条件对声音音量高低、音色、节奏的变化，声音经过气流和声带的振动产生，主持人先天的发声条件加上后天的气息训练，可以形成一种富有个人特色的声音形象。针对不同的表达情境和表达内容，控制声音音量的高低起伏；不同的人物形象也可以通过不同的音色进行加工，如儿童稚嫩的嘤嘤啼哭、老年人虚弱无力的含糊表达、壮年人底气十足的豪迈笑声等，都可以经过主持人的表达赋予声音鲜活的生命力。其次张力的内涵体现在对创作备稿的解读和观众的反馈上。例如，电视新闻节目主持人对不同新闻体裁的加工也不尽相同，国际、国内政治性的新闻往往富有大国情怀，以国家发展命运为主体，紧跟党的政策方针；时下社会热点性的新闻，会依据观众的反馈和关注度，有客观的报道传播和主观的正确的评论。主持人依据节目的性质和类型，根据不同的新闻体裁、观众的反馈数据做出表达的理性判断，结合自身的特色实现最大程度的个性化。张力的外延表现在播音主持的传播力。播音主持创作的传播是每一位媒体工作者的责任，信息的产生是为大众服务，大众是信息的接受者，播音主持是信息的传递者，因此相互之间所传递的内容便具有了传播性。不论是现场报道还是主持人对新闻现场的还原、转述，所阐述的事实都是具体的、客观存在的。

客观事件通过传播主体的话语表达反映出了主体人对事件的看法，不论是用何种语言样态、表达形式，都是为了能够更生动有趣地将消息传递给受众。不管是敏锐、犀利的哲学语言，还是简单朴实的生活话语，都要经过具体语气的转化，变成受众能轻易消化的基本语言，增加传授双方交流的机会。播音主持把创作备稿通过话语、文字、图像等符号传播出来，使观众有效地理解事件的发展进程。播音主持通过对创作的"情景再现""场景还原"的能力，把文字稿件结合自身的经验重新梳理变成播音主持话语。透过具体的传达感受到事件的本质，既要领会文稿本身的意图，又要善于联系背景，为受众提供完整的线索，体现播音主持的价值，体现播音主持思想感情状态的变化。不论是广播还是电视节目都从以往的"读"转变成"说"，消息经历了从共性传播到个性传播的过程，播音主持也为此进行思考，思考通过如何说、如何能够说得精彩来体现语言表达力。播音主持必须具备灵活的整体驾驭能力、有针对性的交流感和对象感，用自己特有的"说话"形态去贴近受众，使自己的话语表达与节目内容及定位融为一体。播音主持语言表达的外延和内涵共存的特性铸成了播音主持的张力美，具备播音主持中的张力才能突显出个性化的特质，才能够吸引受众的目光，体现出语言表达的魔力。

第二节　调动思想感情的方法

一、情景再现的调动

情景再现是指创作主体在播音创作准备阶段及创作过程中运用再造想象，对文字稿件进行想象、复现，调动思想感情并且激发其强烈播讲愿望的重要手段。情景再现充分运用了"观物取象"的艺术创造法则。在情景再现的阶段运用"观物取象"和"仰观俯察"的观物方式将文字稿件"吃透"，要在脑海中像放映电影一样，带着创作主体和文稿本身所蕴含的情感、感受、态度等，所产生的体验"映象"如在眼前，使文稿中的人物、背景、事件、情节等形成连续不断的活动画面。我们强调播音主持创作的思想感情要始终处于运动状态，情景再现展现的空间画面也是连续不断的。因为创作主体的情感是流动和变化的，应该心随物转，固定不动的画面是不能展示情感的变化和气韵生动的全貌的。

播音主持在具体的语言创作中运用情景再现调动思想感情的过程主要包括

以下四个步骤：①理清头绪。播音主持要对创作的语言内容进行梳理，了解分析创作内容的发展先后顺序，把握结构和画面的主次、详略及特点。②设身处地。设身处地地体验是对播音主持的基本要求，也是其语言表达的本质。播音主持在节目中所到之处都需要通过自己的亲身体验引导观众进入情景当中，让观众获得身临其境的感受。③触景生情。这是播音主持调动思想感情的核心。在设身处地体验的基础上，对其中的人、事、物、景、情做出积极的内心反应，主动接受它们的刺激，获得具体感受，产生情感体验，产生饱满、细腻的感情。播音主持要做到反应积极、一触即发、以情为主、情景交融。例如，随着播音主持游走在博物馆的展厅内，神情专注地观赏着墙面上、展柜中的一件件藏品的镜头，这时符合此景的解说词也呈现出了声像与视像相融的佳境。"1300平方米的展馆内，一幅幅照片、一份份文献……这些珍贵的记忆将革命年代艰苦卓绝的峥嵘岁月重新呈现在人们面前，而它们也倾注了革命者全部的时间和心血……""这诸多藏品中既有见证党的历史、抗日战争、解放战争的物件，也有见证新疆和平解放、兵团屯垦戍边、民族团结的珍贵文物和图片"。这两段解说词正是对镜头捕捉到的真实博物馆的再现。主持人在设身处地体验之后，表达了现场的真实情景和自身的真实感受。简单、精练的语言对博物馆的红色记忆进行了整体描述，同时也将博物馆的核心特色、性质、特点以及藏品的摆设，用简短的语言进行了真实的情景再现。④现身说法。播音主持从理清头绪走向触景生情的过程，也是内心情感不断积聚的过程。当积聚到一定程度时，便产生了一种非说不可的强烈愿望，就想把我"亲眼所见，亲耳所闻，亲身所历，亲身所感"的情景再现给受众，并使受众体验到某种情景的再现，从中受到感染。通过以上联系紧密的情景再现四步骤，可让播音主持的思想感情运动起来。

在播音主持创作中，"情景再现"生成"审美意象"。首先，创作主体不能将文稿看作干瘪的、没有感情的文字；其次，应该使文稿中的人物、背景、事件、情节等形成"审美的意象"，赋予其审美的生命体验，并使这种审美体验形成连续不断的画面。而连续不断的画面离不开想象空间的构建，审美活动和艺术活动都是在空间中进行的，是对现实空间的超越，从而进入物我统一、心物交融的自由空间。播音创作通过对"景"和"象"的体悟，最终传达的是展现文字美虚实相生的空间画面，表现语言文字背后的"辽阔境界"。

在播音主持创作实践中，创作主体也需要运用"散点流观""仰观俯察"的方法对即兴表达和现有的文字稿件进行创作和全方位、多角度的构思。如对即兴

第六章 播音主持的语言表达

话语和文稿结构内在逻辑的分析，在纯技巧层面对声音色彩的虚实明暗的处理，对段落的节奏、重音的对比把控等，进行全方位、多角度的把握。

情景再现是造化与心源的结合，与意境有异曲同工之妙。"情"是播音主持的情感情绪和欣赏者的生命情感；"景"不仅限于自然界的景物，而且与主体的现实生活、成长经历密切相关，影响到主体的认知，是"意境"创构过程中的重要因素。播音主持创作中的"情景再现"，"实"是指存在于文字稿件中的意象，"虚"是播音主持的想象和感悟。另外，意境对原本有限的空间进行了超越，展现了无限空间的美。播音主持创作对文字稿件进行了时间和空间上的超越，把握文字稿件所呈现的审美意象，体现出"象外之象"和"韵外之韵"的美。播音主持创作的情景再现的实质是一种审美的心理，播音主持构建了一个"境由心生"的审美想象空间。可以说，在情景再现这个准备阶段，审美体验是引发审美意识的基础，审美想象是审美空间建构的关键，艺术表达是审美空间呈现的手段。

"情景再现"是播音主持内心构建不间断的有关人物、事件和场景的画面，并形成一定情感色彩的过程。一般来说，情景再现需要和解说词以及画面等紧密结合在一起。站在狭义视角上，情景再现属于表述语言的技能，在遵循真实性的原则下通过复现等方式进行表述，在某种意义上增强了这类节目的真实性以及观赏性，因此符合"质"的要求。例如，"情景再现"在纪实性电视专题节目中是播音主持经常运用的语言表述技能，在"情景再现"过程中加入情感的内容，会让受众形成一种基于想象的"真实"理解。虽然这种理解有一定的主观性，但它包含了特定的情感信息与想象力的成分。纪实性电视专题节目所包含的内容不仅仅是画面元素，而且播音主持的语言表述对于画面元素的解说是至关重要的。在语言表述中，播音主持在质的准则下要想完成"情景再现"，就必须借助情感与想象力。播音主持在表述相关语言内容的时候，要以相关材料为基础，对节目中的事件、人物等内容进行阐述，观众把阐述的内容转化为想象，在想象力的指引之下，可以更深刻地体验有声语言的情感。

从本质上来讲，质的准则下的"情景再现"是为了塑造语言艺术的意境表现，而这种意境表现已经突破了稿件文字层面的表达局限，转化为一种虚拟的、以想象力为基础的语言表述。在情感和想象力的结合之下所进行的语言表述，也就形成了语言独有的意境表现。这种意境与中国山水画创作中的留白有着极其相似的特点，在给所解说的画面内容留下展示空间的同时，让所运用的语言呈现出无声与有声结合的表达模式，能让观众在借助想象力的情况下感受到画面的审美内涵所在。而这个过程既是播音主持将语言进行锤炼升华的过程，同时也是语言表述所具有的审美的最高境界。在生动形象展示出语言情境的同时，让文稿中的内容、画面以及相关的创作元素更好地融合在一起，引导观众去倾听，去理解。

二、内在语的调动

"情景再现"为播音主持提供了再造想象的无限审美空间，而文字稿件中语句的内在含义、言外之意、弦外之音则是"意境"更深入的延展，内在语具有"韵象"的美学内涵。"韵"在中国传统美学中有两层含义，一是韵律之韵，表现清雅、和谐好听的声音；二是韵味之致，表现形象又超越形象。在"内在语"中"韵"指的是韵外之致，在语句的有尽之言中挖掘无尽之意才是内在语的内涵所在。

播音主持调动思想感情的内在语，是指播音语言中不方便表露、不能表露，或者没有完全表露出来和没有直接表露出来的语句关系和语句本质。我们在生活中常说的"表达委婉""话里有话""一语双关""潜台词"说的就是内在语。不仅仅是播音主持创作，在非播音主持的日常表达交流中，也有内在语的存在。"内在语"在西方戏剧表演理论中又叫"潜台词"。俄罗斯著名的戏剧大师斯坦尼斯拉夫斯基（Konstantin Sergeyevich Stanislavski）认为："创作者将自己在剧本中所挖掘的细节，把自己的潜台词放入剧本的台词中去，用自己的想象去补充它，不仅可以更好地确定剧本人物，也使它获得生命感。"可以看出，斯坦尼斯拉夫斯基为"潜台词"的运用赋予了一种生命的体验。

内在语是语句目的的集中体现，也是确定播音主持情感和表达语气的依据，是播音主持审美个性化的一个标志，对有声语言表达的美感有直接启发和深化内在含义的美学作用。如果说"情景再现"是引发情感的基础，那么"内在语"就是确定情感运用、语气浓淡的依据。例如，"你真的很棒！"如果这句话的内在语的设定不同，其要运用的语气也不同，将会产生不同的美学色彩。如内在语是赞扬、厌恶、敷衍、嘲讽、谄媚、恐惧、斥责等感情色彩，那么从语气上则分别对应的是气徐声柔、气足声硬、气少声平、气浮声跳、气虚声假、气提声凝、气粗声重等声音形式。

可见，有什么样的内在语，就有什么样的表达语气。播音主持通过对语句的本质进行挖掘，运用合适的情感、语气来体现语言表达的美学色彩和分量。根据中国播音教育重要创始人之一张颂主编的《中国播音学》对内在语的梳理，将内在语分为发语性内在语、寓意性内在语、关联性内在语、提示性内在语、回味性内在语和反语性内在语六类。内在语不仅可以确定播音情感、表达语气色彩，还可以帮助创作主体把思维变成语言进行有声表达。这也是把文字稿件变成自己想说的话的重要方法，具有承接语言链条、揭示语句本质的作用。

有的内在语在文字稿件上没有直接表现出来的，但是它却"隐"藏在文字中。通过创作主体的深入挖掘，展现语句的目的，确定语句重音，深化主体内心的意念，真实的态度倾向体现在语气当中，将"内在语"表达出来，使创作主体达到"状难写之景如在眼前，含不尽之意见于言外"的审美状态。中国古代文论和美学范畴中提到的"隐秀、含蓄、隐与显、象外之象、韵外之致"等，都是对"内在语"最好的诠释。其中，寓意性内在语和回味性内在语处处闪耀着"隐秀"和"含蓄"的美学光芒，营造出虚实相生的意境，开拓了"弦外之音"的审美想象空间。

三、对象感的调动

对象感是指播音主持在面对镜头时要设想和感觉到受众的存在，努力调动自身的表达欲望与思想感情并使之处于运动状态，恰如其分地达到"面前无人"但"心中有人"的交流状态。对象感是产生正确心理状态和创作主体言语样态的基础。对象感就是创作者在创作时去设想和感觉到对象的真实存在和对象的真实反应，从感觉上意识到受众的心理——要求、愿望、情绪等，并由此调动自己的思想感情并使其持续地处于运动状态。这里谈到的设想、感觉、联想实际上是主体审美想象的问题，将"对象"放置于审美空间中。播音主持充分调动其想象能力来获取对象感，做到"目中有人""心中有人"地进行情感交流，使思想感情始终处于运动的状态，在美学层面可以升华为创作主体时时刻刻都在进行生命的体验。获取对象感最重要的途径就是准确的审美想象和审美体验。

东晋画家顾恺之对作画构思提出了"迁想妙得"的美学命题，其中涉及创作主体的表现和客观制约的辩证关系，也是播音主持创作需要考虑的因素。"迁想"指画家把主观情思迁移到客观对象中的想象活动，"妙得"是在"迁想"的基础上将客观对象融合为"传神"的艺术形象。只有"迁想"达到主客观统一，才能"妙得"对象的神韵气质，突破有限的形体，通向无限的"道"。播音创作"对象感"所具有的主客辩证关系就在其中，这里的"迁想"是创作主体对对象的具体想象，而"妙得"是获得对象感的具体结果。对象感的想象不仅是一种审美活动，也是一种审美构思。创作主体在"迁想"的过程中对对象的设想一定要具体、有针对性。虽然从主观的角度来讲，对象在审美空间中是虚拟存在的，但是在银幕外对象又是客观真实存在的，它可以直接刺激创作主体产生语言表达的冲动。

在播音主持创作实践中，不少播音主持由于创作经验不足和内心对象感缺乏，表达的稿件不"传神"，表现出目光呆滞、对象感不强、语言生硬、念稿痕迹重、表达不自然的现象。如果播音主持能置身于和对象共存的审美空间中进行体验创作，发挥审美想象的作用，通过"迁想"对象进行想象交流，让对象如在眼前，让语言创作回归自然，就能营造出一个理想的审美空间场。

第三节　表达思想感情的方法

一、停连的表达

停连是在语言表达中出于某些刻意的展现而进行的间歇性的停顿或连接。停连的节点可以是句与句中间、词与词之间，或者是字与字之间。播音主持在对内容完全理解的前提条件下，兼顾话语的表达规则和节目情境，为了实现强调、吸引注意、引起思考等目的，对文本进行停连的处理。该停顿的地方略有停顿，可以给观众一个思考空间，有时会产生"此时无声胜有声"的效果；该连接的地方大胆连接，有助于情感的衔接，有一个起伏的状态。停连修辞的巧妙使用对播音主持营造良好氛围产生了积极的作用。

停连是有声语言表达的"标点符号"，包括了语流中声音的"停顿"和"连接"。有停顿才能有连接，二者是辩证统一的。"停顿"指的是在语流行进的过程中某些句子的段落、层次、小分句或词组之间，声音出现了暂时中断的地方；而那些没有出现中断，特别是有标点符号但是却没将句子中断，反而连接起来的地方就是连接。停连不仅具有表示语意和抒发情感的作用，而且这种富有情感意义的"停连"极具美学内涵，既体现出虚实相生，又体现出气脉贯通。作为生理意义上的"气"不仅是构成天地万物的基础，也贯穿了中国哲学的始终。而作为美学意义上的"气"则更多地体现"韵"的美。从有声语言传播的角度来看，声音的中断和连接并不完全受到标点符号的影响。也就是说，遇到逗号不一定停，遇到顿号也不一定连，有声语言的停顿与连接要以表情达意为基础。例如，电视新闻评论类节目不像访谈类节目那样，后者在节目进行的过程中可以在对话之间"留白"，以增强节目效果。电视新闻评论类节目的停连是自然的、平稳的，停连要符合表意的要求。

"气脉"一词在中国书法艺术中用得较多。中国书法讲究用笔、结构和章法，尤其是用笔笔法的连接、落笔彰显了书法艺术的生命力。在播音主持创作中，停连犹如气脉，气脉贯通了才能使播音主持的表达连贯畅通、充满生机。机械式、固定模式化以及憋气式等不符合生理和心理需求的停顿和连接都会破坏语言的美感，破坏气脉的连贯性。"连接"更多体现为按照文意、文气和文势，将情绪循序渐进地推进，产生心领神会的气脉动感。而"停顿"并不是气脉的对立点，播音中的"停顿"也能表现其留白和游刃有余的意蕴之美。

　　从"停"的角度看，更多地展现的是其空白的美学意义；从"连"的角度看，则是展现其"流动"的美学意义。中国古代音乐、书法艺术中对断连的审美论述，同样也适用于播音主持创作中的停连。停连有区分性、呼应性、并列性、分合性、强调性、判断性、转换性、生理性、回味性和灵活性停连十种类型。其中，区分性停连便于清晰地区分词语间的关系，有助于听者直接明了地理解句子含义，不使句子产生歧义；呼应性停连是为了解决播音过程中两个词语间谁为"呼"、谁为"应"的问题，"呼"与"应"之间具有内在的联系，在呼应时还会出现大呼套小应、一呼几应、几呼一应的情况；并列性停连是指在作品里有同等位置、同等关系、同等样式的词语之间的停顿及各成分内部的连接，并列性停连一般在对偶句、排比句中使用频次较高，播音时自然形成并列感，语意清晰明了，从而使受众体会到句子的美感；判断性停连经常会不经意间出现在我们边思考边说话、边判断边说话时，播音主持为表现思考、判断的意思，往往会用到判断性停连；转换性停连中"转"字尤为关键，转换性停连指在相连语句中，前后语句间呈对立状态，抑或情感突然发生转变，如从悲到喜。可以说，停连是控制节奏快慢、疏密的技巧。停连打破了标点符号的固定停顿、连接，与节奏共生，表现有声语言表达的气脉美。

二、重音的表达

　　重音是指在播音主持创作表达中能够体现出语句的具体思想感情和语句目的的词、词语或者词组，重在表现"骨"。"风骨"体现的是一种力度美，具体到播音创作外部技巧中，就是"重音"和"语气"，都需要通过声音的音高、音强、音色来体现，二者在美学意义上体现的就是一种"力度美"。在播音主持创作中要确定重音的位置并正确运用重音。重音说的是语句重音，要以此为首要标准，然后根据逻辑关系、表达感情并根据语流变化的需要进行确定、运用。总体来说，重音的运用应该少量而精确，有强弱对比，讲究分寸感，富有变化。在重音的表达上，可以运用声音高低强弱法、节奏快慢停连法、声音虚实结合法等辩证统一的技巧方法，体现出"风骨"——"力"的变化，体现出语言的灵动性。《中国播音学》中将重音分为并列性、对比性、呼应性、递进性、转折性、肯定性、强调性、比喻性、拟声性、反语性重音,其中常用的是强调性重音、拟声性重音、递进性重音和并列性重音。①强调性重音是指在文本语句中为了区分字词的是否需要强调突出"应运而生"的,强调性重音一般强调的是时间的长短、数量的多少、速度的快慢、情感的强弱、程度的深浅等,对富有强调色彩的字、词、词组予以强调突出。②拟声性重音,顾名思义,拟声是对声音的模拟,虽无法达到真正声音的状态,但是可以通过具体字词朗读形式的变化以及符合文意、符合字词情感色彩的重音处理来活灵活现地进行表达,有时会起到画龙点睛的作用。拟声性重音不能简单地全做重音处理,还需要符合文本的基调,把握与之搭配语句之间的内在联系,有时仅做次重音处理。③从内容来看递进性重音是发展的,句子与句子的关系也是层层递进的,表现出人物、事件、行为、思想等在时空顺序中的进程。④并列性重音除了要熟练掌握停连技巧之外,使用重音来突出强调某个字、词或词组也尤为重要。并列性语句都会存在并列性重音,它们所处的位置大体相似,运用并列性重音是为了显示并列关系中词语的区别性。重音与语气、节奏、停连相结合使用,使每种重音都展现不同的"风骨"色彩。从审美视角来看,不同重音的交替使用会让语流具有和谐的美感、从而产生节奏的变化美、语言意境的朦胧美。

重音具有相对性,是根据表达时的需要对一句话中的词或者词组进行强调,它的确定范围是针对一句话中的其他内容而言的。其表现形式有很多种,播音主持会根据情景的不同进行改变,如加强或者减弱咬字的力度、加强或减弱发音的调值、加强或减弱气息、加快或放慢语速等。

重音的位置和选择是不可替代的,一句话中重音的位置不同,表达的含义也就千差万别。重音是依据稿件目的与思想情感,在稿件中需要着重强调的词或词语。重音位置的确定有多种形式,包括强调性、并列性、对比性等。但对于语言评论来说,播音主持无论如何选择,都是建立在以理解稿件的逻辑为前提的基础上的。只有梳理好了语句与语句之间的逻辑、段落与段落之间的联系,重音的表达才能够准确。例如,"我去把茶杯里的水装满"这句话,如果重音放在了"我",那么就是强调人物;如果重音在"茶杯",那么强调的就是事物。因此,播音主持在话语表达中需要注意重音修辞的使用位置。

重音还可以表示一定的感情色彩,放在不同的字眼上,所表达出的喜怒哀乐也不尽相同。所以这就增强了播音主持情感态度的区分,充满个性化。重音的表达形式是多样的,例如,电视新闻评论类节目的庄重性决定了其不能像文艺作品演播一样用富于变化的声音形式来表达。语言评论的重音表达多以高低强弱法为主，主持人通过加强语势的形式，把字词的音高和音强调整到最佳效果，通过声音的物理形式将稿件需要强调的内容传播给受众。除此之外，还会运用停顿的形式来强调出重音的位置。

三、语气的表达

"语气"一词由"语"和"气"构成，"语"是指"有声语言"，通过声音表情达意；"气"指在表达过程中气息的合理运用，气息随着文本思想感情的变化而变化。语气是"神"与"形"的结合体。语气是有声语言中重要的表达方式之一，在与受众交流的过程中起到不可替代的作用，尤其在传情达意方面，语气的作用更是不言而喻。语气与节奏、重音和停连相比，长于情感态度的表露。语气是在思想感情运动状态下所呈现出的语句外在声音形式。停连、重音更偏向于传递理性信息，而语气则更倾向于情感和态度的抒发。语气是传情达意的核心手段，同样一句话，在停连和重音不变的情况下，通过语气却能表达出多种情感色彩。

语气需要用美的规律去塑造，生理意义和美学意义上的"气"就起到了很大的作用。语气更强调通过具体的声音形式来展现，声音形式的展现前提是播音主持内心的情感状态。在表现某种状态时语气具有相通性，例如，播音主持表达饱含爱意的感情时，声音所表现的是气息徐缓、声音柔和的形式；表现憎恨的感情时，声音所表现出的是气息充足、声音刚硬的形式；表现悲伤的感情时，声音所表现出的是气息沉重、声音缓慢的形式；表现喜悦的感情时，声音所表现的是气息饱满、声音高亢的形式；表现恐惧的感情时，声音所表现的是气息提起、声音凝重的形式；表现急切的感情时，气息和声音都很短促等。

播音主持语言评论过程中的语气是情感的外化体现，它能直接或间接地体现出表述者的个人感情。播音主持将复杂的思想情感以语言表达形式加以外化，将个人对稿件的态度及看法通过有声语言表达出来，而其中所传递出来的声音形式的变化就是语气。例如，电视新闻评论类节目中主持人语言评论中的语气，能间接或直接地传递出主持人对新闻事件的态度或看法，因而要态度鲜明，但也要讲究分寸。电视新闻评论类节目是以正面宣传为主的节目，节目的宗旨应当是以理性的思维为主去引导受众，以逻辑的辩证力量去说服受众，而不应当以语言所传达出的浓烈的情感去感染受众。因而，其语言评论的语气应当追求一种平衡，既能够传达出播音主持对新闻事件的态度与看法，又能够展现出播音主持的客观与中立性，这就是态度鲜明、有分寸。

语气的正确运用与语句中的语调抑扬密不可分。语调作为话语表达中体现声音高低、快慢的存在，它依托于文本的前后文，并会随着不同的语境发生改变。播音主持根据稿件的形式和情境，依据当下营造的氛围和想要表达的感觉来不停变化语调。遇到沉重的话题时，语调可以适当深沉缓慢；遇到愉悦的话题，语调可以轻松活泼，适当欢快；遇到独白，语调要平稳、娓娓道来。播音主持用情感带动声音变化，语调随着情感发出，言语为感情服务，不同的情感变化会营造出浑然一体的舒适感，语调也会深入感人。

四、节奏的表达

无论是在自然界还是在人们的社会生活以及艺术创作领域，节奏随处可触。"节奏"一词源于希腊语，包含"程度、程序、匀称"等意思。节奏作为被广泛运用的播音技巧，通过良好的声音运动为我们的播音创作拓宽了创作空间。播音主持的节奏变换显得十分重要，适当变化节奏可以刺激受众的听觉以消除受众的听觉疲劳；但是不合时宜的节奏转换和不稳定的节奏状态也会使受众出现不舒适的听觉感受，同时也破坏了稿件的流畅度。良好的播音节奏可以让受众更加准确、清晰地抓住信息，减少受众接受信息的陌生感。

节奏是一种抽象的修辞方式，它是声音在运动变化中由于字词音节的长短、轻重缓急的规律交替形成的。节奏主要用在文本稿件当中，然后播音主持根据其对文本的理解产生起伏不定的思想感情变化，从而以抑扬顿挫的声音形式伴随话语表现出来。节奏不作用于某一个字词上，它是就篇幅较长的言语片段而言的，播音主持在表达中融入节奏时需要从文本整体出发。节奏的布局一定不是任意而为的，通常来说，紧凑的行为动作、紧张的场面、夸张的情绪变化、飞快的发展进程等情境中适合快节奏；舒缓的事态步骤就更加适合慢一些的节奏，营造出相应的平静柔和之美。节奏的快慢主要取决于节目的主题、内容和表达的目的，播音主持对节奏的流畅把握在一定程度上有利于建构的个性化，合理的节奏变换既可以有效地抓住观众的情绪，又可以很好地控制整个节目流程。

节奏是由创作主体思想感情的起伏造成的，以抑扬顿挫、轻重缓急表现出回环往复的声音形式。"回环往复的声音形式"是节奏的核心，这种回环往复也是中国美学空间意识的呈现，节奏是播音主持创作美学的核心。节奏是情感支配下的语气，在此基础上形成的态势和趋向立足全篇稿件，节奏的"气势"由此而生。将"势"作为一种自然而然形成的趋势，具有某种必然性。在节奏的美学意义上，"势"表现了外在审美意义的动态和语势结构。

中国美学审美空间建构具有时空一体化、节奏化的特性，中国的艺术形式也

第六章　播音主持的语言表达

有节奏化的特性，因此，形成的是节奏化、生命化的艺术审美空间。《周易》认为辩证宇宙生成观体现在"一阴一阳之谓道"和"无往不复"宇宙观的转化方式上。在呈现播音主持创作审美空间时，一阴一阳的辩证体现在创作主体声音虚实的变化与结合、停连的停顿与连接、重音的突出与弱化、语气的强与弱、节奏的抑扬顿挫中，最终形成回环往复、气韵流转的审美空间。

根据声音形式的特点，播音节奏主要分为轻快型、凝重型、低沉型、高亢型、舒缓型和紧张型六类。轻快型节奏通常多扬少抑，词语间连接较多，停顿处较少，给人以轻松明快之感；凝重型节奏通常语速较慢，多抑少扬，语节较多，情感色彩浓重，停顿处较多；低沉型节奏声音偏暗且在句末处有沉重之感，且语速较慢；高亢型节奏声音一般明亮高扬、势不可挡，音调也要相对拔高，语速较快且重点句段应着重强调；舒缓型节奏大都较为轻柔舒缓，停顿处较少，有一种娓娓道来之感，在文本内容的情感、环境、心理发生转换时，速度也不宜过快，要把握好较为稳定的节奏；紧张型节奏大都多扬少抑，重音较多，轻声词较少，语节密度大，转换时节奏紧张，重点词、句、段更加突出。

在实际运用中要从整个文本出发具体把握，避免笼统和单一，还要掌握基本的转换形式和转换技巧。播音节奏的转换形式是根据声音的高低、轻重、缓急而形成欲扬先抑、欲抑先扬、欲重先轻、欲轻先重，以及欲快先慢、欲慢先快的基本形式。节奏的运用也要讲求对比变化、疏密有度，以寻求节奏的"中和之美"。

节奏是有声语言表达的声音形式综合作用的结果，节奏的表达形式是多样的，有轻重缓急之分。在具体的表达过程中，语言的节奏变化是随着稿件的内容变化而变化的。例如，在电视新闻评论类节目中，播音主持的语言评论内容即稿件的内容，播音主持语言节奏的变化要以自身语言所传递出的态度与判断为依据，急促时节奏可适当加快，舒缓时节奏可适当放慢，以此来增强语言的传播效果。在播音语流进行中，抑扬顿挫、轻重缓急的声音形式形成了播音节奏的基本要素，通过对比、分合等变化组合，呈现出中国画疏密相间、虚实相生的空间美学特征，形成播音节奏的存在形式，呈现出乐音之美。但节奏的产生和变化不是凭空而来的，它以创作主体的内心、思想感情的运动为依据。《乐记》最早对我国古代艺术节奏进行了研究，"乐者，心之动也；声者，乐之象也；文采节奏，声之饰也"。音乐讲究旋律，有声语言讲究韵律，这个韵律就体现在节奏上。由"心之动"可知，艺术创作的目的是抒发感情。因此，情感的起伏才是艺术节奏的核心，节奏是时间艺术的特性，播音主持中充分地体现了节奏气韵流转的空间美感。

播音主持通过节奏表达思想感情，要对节奏进行把握与控制。首先，播音主持需要对文稿内容进行整体把握，将内容与创作基调相统一，随着文稿的脉络发展，根据内容的变化进行适度调整。其次，要把握文稿的思想核心，根据其思想内涵变化来调整节奏，做到抑扬顿挫、轻重缓急。再次，将内心节奏外化为有声语言，形成自己的声音形式。通过对文稿内容的整体把握来形成声音形式的回环往复，进而抓住文稿的节奏核心。最后，要注意节奏的技巧运用。在不同的层次、段落之间以及在小层次或语句之中，都需要我们通过节奏变化来适应和配合作品的创作运动，这就需要我们运用播音节奏的技巧——转换。转换作为节奏的核心技巧，通常被误认为只有在感情色彩转变较大时才会使用该技巧，但其实在感情色彩前后一致时，为适应感情的逐步深化也会适当地使用渐转来完成创作。

停连、重音、节奏的展现是在"情"的催动下，依据一定的"理"，将"理"化于"情"中，通过具体的声音形式传达情理，而不是随心所欲、漫无目的地运用技巧。播音美学是以"节奏"为核心，以其他技巧为依托，展现播音创作的审美空间。播音创作的四种表达思想感情的方法看似独立，却有各自的特点，有各自不同的侧重点，体现着各自的"具体和谐"，都以表达思想感情为创作的核心。停连的序列性、重音的明确性、语气的具体性、节奏的回环性，都在不同方面满足着思想感情对有声语言的需要。这也是流动性、整体性和有序性的"声形于外""气韵流转"审美空间呈现的基础。"不同"的本质还是"对立与和解"之后的"和"，而这个"和"就是思想感情的表达，是具体和谐与多重和谐多维度审美后的整体和谐。

第四节　即兴口语表达的方法

一、即兴口语表达的概念及特点

即兴口语表达和书面语言表达有一定的区别，又与一般的有稿播音不同。即兴口语表达是主持人或播音员通过电视、广播等传播媒介，当场即兴发挥所进行的口语活动，是主持人综合主持能力的体现。即兴口语表达属于广播电视节目中一种重要的有声语言表达方式，是播音主持不可缺少的语言表现形式。即

第六章　播音主持的语言表达

兴口语表达是播音主持在没有进行深思的情况下发生的，是播音主持在注意力高度集中的情况下、快速思考的过程中进行的即兴表达，是在突发状况的刺激下迅速做出的一种反应。即兴表达需要播音主持有扎实的基本功，即兴表达的语言并不是预先设定好的，播音主持在主持节目的过程中遇到某些突发情况或突发灵感时想要达到更好的节目效果，就需要进行即兴表达。而播音主持即兴表达的内容及其所获得的效果，往往要求对播音主持过程中所涉及的各方面知识都有所了解，并通过较强的语言组织能力将这些内容即兴表达出来，进而达到良好的效果。

播音主持在即兴口语表达中具有如下特点：①播音主持具备快速组织语言的能力和技巧。即兴口语表达中播音主持身处一个当众的、瞬息万变的语言环境中，必须快捷地进行思维反射以产生新的想法和新的话题，迅速计划包装，采用有条理的、精炼的、简洁的口头语言将其当众表达出来。②播音主持的口头语言转瞬即逝。快速而恰当出彩的语言内容可以为即兴表达锦上添花；一时失言或跑题的语言内容却永远定格，成为无法挽回的损失。这对即兴口语表达的播音主持来说充满机会，同样也面临挑战。③即兴口语表达的句式灵活多样，播音主持多采用短句、自然句、省略句，结构比较松散；词语生活化，上口入耳，通俗易懂，语气变化多，停顿多。④在即兴口头语言的创作过程中，播音主持离不开辅助语言的衬托。播音主持的语言内容会因语气语调、强度力度、快慢缓急、节奏停连等辅助语言的变化而形成不同的潜台词，产生微妙的影响。即兴口语表达的播音主持语言内容，也会因表情、姿态、手势等态势语言的细节变化而增强或削弱其魅力。

播音主持在即兴口语表达中要遵循以下原则：①真实准确。真实准确的语言是播音主持的基本要求，也是即兴口语表达较为重要的原则。播音主持要恰当地使用每一个字句，用精确的语言对信息进行表述，在最大限度上促进观众对信息的接收与思考。②有凭有据。播音主持进行即兴口语表达依赖语境，在发表观点时要有凭有据，有根据的、真实的表述才具有思考意义，才能令受众信服。合情合理地将相关的观点汇总，并结合相关事实依据，带领观众有根据地进行思考、讨论，才能对观众的思想起到正确的引导作用。③张弛有度。播音主持要在不同的节目中讨论不同的话题，节目的紧张度也是根据不同的话题、不同的氛围来定的，有时候可能会比较轻松，而有时候又会比较紧张。因此，播音主持要把主旨融入选题、采访、播音、制作等的全过程。播音主持要有足够的驾驭能力，无论面对什么样的情况，主持人都要随时集中精力，并根据不同的话题灵活地调整节奏，在即兴表达时要做到张弛有度。④尺度合理。播音主持进行即兴口语表达的目的是更好地为整个节目服务，所以即兴口语表达就应该以主题为中心展开，在这个过程中主持人必须合理地把握好尺度。

二、即兴口语表达的共情和互动方法

（一）即兴口语表达的共情方法

1873年，德国哲学家罗伯特·费肖尔（Robert Vischer）首先用德文单词"einfuhlung"来表达共情理念。他认为，所谓共情即指人们将自我的心情、感受与情感主动地投射到客观存在的事物当中。在观察事物的过程之中，自我情感的变化一方面取决于自我认知的更新，另一方面则受到环境的影响。哈佛大学心理学教授斯蒂芬·平克（Steven Pinker）认为，最有力量的同情外生触发器，所费有限且俯拾皆是，它就是人们在阅读小说、回忆录、自传和报告文学时产生的角色换位。平克所谓的"同情外生触发器"，即一系列触发个人共情情感的要素。例如，在阅读书籍、观看影视作品时，读者、观众会对主人公或演员所塑造的人物的经历、情感、行为产生连接与自我反应，情节的喜悦与悲伤影响着读者与观众的情感变化。这种倾注自我感情同情他人的行为，也被称为"移情"，即将自我情感转移到对象身上。费肖尔与平克一前一后的两种论述，事实上阐明了共情的存在及其作用机制。在接触外部事物时，人们会将自我情感投射于其上，这一行为是常见的而非稀少的，是固有的而非后天刻意习得的。"今人乍见孺子将入于井，皆有怵惕恻隐之心，非所以内交于孺子之父母也，非所以要誉于乡党朋友也，非恶其声而然也。"《孟子·公孙丑上》鲜明地指出了，一旦潜藏于人们内心深处的共情被外部事物触发，就会引起行为的改变，使其满足共情带来的怜悯心和同情心。

1990年，英籍美国心理学家铁钦纳（Titchener）创造了一个英文新词"empathy"来取代"einfuhlung"。铁钦纳认为，共情是一个客体人性化的过程以及感觉我们自己进入别的东西的过程。相比于罗伯特·费肖尔的观点，铁钦纳在同情别人的基础上更加强调感同身受，即"他就是我"的价值判断，将他者的情感变化纳入自己的考量体系之中，使二者相互融合。随后，巴特森（Batson）指出，对他人的仁慈在于能够为他人设身处地着想，感其所感；穿上他人的鞋子，站在他人的立场上，用他人的眼睛看世界。从对方视角出发，深入客体对象的心灵深处，

第六章　播音主持的语言表达

深切感知其喜怒哀乐成为共情理念的核心。

在强调自我向外对他人进行情感投射的同时，也有学者认为共情在某些方面是自我反省的外化。奥地利精神分析学家科赫特（Kohut）将"共情"与"内心"作为一对参照，认为共情即替代的内省，主要包括情感共情与认知共情两大方面。情感共情强调在情感的渲染下引发的共情，继而影响受感染者的意念与情感判断。认知共情侧重于阐释自我认知在多方因素影响下产生的变化，这种变化混合外部情感的因素，在触发自我共情的同时，整个认知都能为之改变。就过程性而言，巴雷特·伦纳德（Barrett Lennard）将共情的产出和影响过程分为五大阶段，包括共情的条件过程、共情式共鸣、共情的表达、共情的获得以及共情的反馈。这一阶段模式逐渐归纳出共情机制完整的流程，在这一理念下，共情更加强调"施情方"与"受情方"的深度互动，在互动中回应彼此的反馈并建立情感联系。

综上可知，所谓共情即指个人对客体的认知、情绪、意愿的自我化深度认知与认同，通过这种移情认知我们能想客体之所想、急客体之所急、感客体之所感，对客体的现状做出客观真实的评判，给予情感上与行动上的支持与鼓励，并在互动中不断得到情感的升华。在此基础上，每个人的情感与认知表达是不断向外发散的过程，处于社交状态下时，这种流动性更加鲜明。他人的情感与认知契合了大众在本质上的接纳与认可，会直接对个体产生影响，或者通过个体所在的群体发挥作用。人们在看一本书或一部电影时会发生角色换位，影院观众会共同流泪，实际上是相互感染和共情的结果。情感与认知的感染会激发人们内心深处的同情心和怜悯心，将这一情感与认知内化为自己所有，并将其与发出者的情感与认知进行对比，以求实现最大限度的表征与复制。在这一基础上，人们又会对自我进行反省，测试自己是否能够站在发出者的立场做出一系列行为。如果行为能够顺利发生，那么共情的整个作用机制就顺利完成。在这一过程中，自我的情感与认知并非单纯地接受，同样也会进行反馈和互动，给发出者施加影响。共情机制的传导和生效与信息传播过程极其相似，换言之，共情本质上就是以人为载体、以情感为信息和渠道的一种传播过程。

播音主持是一门语言艺术，即兴口语表达能力则是主持人的必备技能。所谓"言之有物，言为心声"，心中有感受，表达才更有力量。2014年，由倪萍主持的大型公益寻找亲人类节目《等着我》播出。如果想把这个节目做好，那么作为重要环节的主持人就不能把自己放在事件之外，要拥有强大的共情能力。虽然在这之前倪萍已经淡出荧屏很久了，但是这次重返舞台的她依然令观众感到亲切，这份亲切感就源于倪萍身上所具备的共情能力。假设节目是由一个没有共情能力的人主持，那么节目效果势必会大打折扣。主持人要想同观众实现共情，则需要具备细致的观察力，设身处地地感受听众，进行正向输出的积极表达。

①细致观察。不仅能让我们获得新的信息，还能从观察对象中发现新的东西。在即兴口语表达中，拥有共情能力的表现首先就体现在细致冷静的观察中。播音主持需要用心观察，领悟文稿中的真正意义，发现观众与嘉宾的情绪变化，在观察中捕捉到信息，并对自己的表达做出调整，从而更好地实现共情。播音主持要想具备强大的共情能力，需要在细节观察中找到准确的情感支撑，找到话题点。如果失去了观察意识，就等于主持人是按照自己预想的规划推进完成，而这样的表达很难进行有新意的交流。播音主持会固守自己准备的内容进行沟通，忽略嘉宾、观众的反应很难在节目中碰撞出新的火花。因此，细致冷静的观察能力其实在一定程度上也体现在播音主持即兴口语的准备上。不要预设对方会给出自己什么反应，而是要真实地倾听、感受对方的观点、变化，并在这些变化中找到切入点展开表达。良好的观察能力要做到细心又全面，既不能自顾自地表达，也不要带着刻板印象看待事物。对一切话题要保持一定的新鲜感，张开感知的触角去面对这个世界，保持好奇、保持积极，这也是对话题、对嘉宾、对观众的一种尊重。

②设身处地地感受听众。实现共情，观察是基础，感受则是过程。设身处地是指一个人能够站在另一方的位置和处境中做出判断与选择，这个过程是建立在同理心之上的。在此过程中最困难的事情就是放弃我们自己的角色，因为设身处地要求我们尽可能地忘记自己，然后从他人的角度思考问题。当我们有强烈的自我意识时，会导致过于自我，这样往往很难完全进入他人的世界，因为我们总会站在自己的角度去说服对方。例如，当站在自己生活态度的出发点时，我们很容易厌烦父母的盘问和教育，但如果试着放下那些前卫的生活态度，去理解作为孩子的父母、作为年事已高的长辈表现的情绪和行为的出发点是什么时，则可以更理性、平和地与他们沟通。生活如此，作为播音主持更是如此，更需要设身处地、换位思考地感受听众。在倪萍主持《等着你》节目的开始，很多人说倪萍作为主持人不注意保养，没有精致的容貌甚至看起来有些苍老。但是她表示，节目中的嘉宾都是丢了孩子的百姓，身心承受了多年的煎熬，在节目中他们是需要帮助的。这个时候主持人如果精致感十足，会让嘉宾觉得难以靠近，心里的很多故事就没有表达出来的勇气，而自己普通的样子会给人大姐一样的亲切感，就愿意和她敞开心扉。这个节目要的不是看到主持人有多光鲜，而是帮助嘉宾实现亲人团聚的心愿，是要走进他们的故事，一起呼吁打击拐卖行为。所以主持人应该具备接地气的一面，设身处地地感受他们失去亲人的痛苦，倾诉者才能主动地与主持人共

第六章　播音主持的语言表达

情。播音主持需要和不同工作、不同生活状态的人打交道，这样一来能够站在对方角度、换位思考解决问题就显得尤为重要。这种设身处地地感受听众是一种持续的状态，也是实现共情的基本要求。

③正向输出的积极表达。当播音主持完成了设身处地地感受对方这一环节，那么下一步就是要做出行动，用积极的表达完成共情意图的输送。武汉大学教授陈铭在《奇葩说》中说，自己讲话的主题就是"站在世界中心呼唤爱"，在他的演讲与辩论中我们多次感受到了积极的力量。积极是一份心灵的能量，积极的正能量应是播音主持心中的主旋律。在多元化的背景下，吸引力、感染力、渗透力、支配力是播音主持文化影响力的本质特征。播音主持是节目主题和核心思想传播的"最后一棒"接力者，要把思想和内容交到观众手中。作为一个公众人物，播音主持进行积极的正向输出在社会中就十分重要了。播音主持要拥有阳光乐观的心态，用自己的正能量感染观众，可以利用互联网、新媒体实现正能量的无穷倍传递。同时，共情能力所需要的积极不仅仅是表达内容的积极，还有播音主持状态的积极。播音主持要有主动表达的欲望、主动交流的状态，用自己积极的状态感染身边人，实现有效的内容表达。因此，播音主持想提高即兴口语表达的共情能力，应保持思想内核要准确、表达状态要积极。主持人只有正向地输出、积极地表达，才能获得人民的点赞与回应。

播音主持的即兴口语表达的共情方法可运用于访谈类节目中。访谈节目通常以"主持人+被访嘉宾"这样的组合出现，主持人同被访嘉宾在摄制棚内或外景环境中围绕某一主题进行讨论分析。访谈节目的精髓体现在主持人和嘉宾的交流对话中，双方通过对话交流了解彼此的内心世界，整期节目下来主持人同嘉宾之间或有交锋，或有温情，或有感动，或有意外之喜。我们反观共情的相关理论不难发现，共情本身就是在交流、互动和对话之中生发的。离开交流、互动和对话共情难以形成，而这几种要素都在访谈节目中体现得淋漓尽致。所以访谈节目同即兴口语表达共情之间有着天然的以及必然的联系。访谈节目借助共情的力量呈现最佳效果，同时访谈节目也是共情的最佳载体。访谈节目中主持人的角色更像是信息互动者、内容控制者、仪式把控者，主持人同节目本身既互相成就又荣辱与共。播音主持共情更接近于一种情感共鸣和情感共振的状态，主持共情界定为主持人同所主持的节目成为命运共同体，同受众达成相似情感的传递与扩散的过程。在访谈节目中主持共情的达成分为两种情形。首先，主持人与嘉宾之间达成第一层共情。主持人往往是被访嘉宾故事的聆听者，甚至是直接参与者，主持人在主持过程中能充满善意地沟通，让嘉宾感受到主持人的真诚与自身被重视，才有可能在一定范围内同主持人达成情感共鸣和情感共振。其次，主持人同受众之间达成第二层共情。主持人是主持传播的关键，数十年如一日在访谈节目领域深耕的主持人往往可以收获大批观众。在传统访谈节目日渐式微的情况下，老牌访谈节目通过改版升级快速适应新媒体平台的整体节奏，往往可以第一时间完成转型与跳跃。这正是基于前期的共情积累，让观众从访谈节目中找寻到情感慰藉，达成深度共情，并不断追随节目脚步。播音主持同受众最终达成共情还有助于节目成功树立品牌形象，助力节目继续深耕制作，形成良性循环。荷兰著名的心理学家、动物学家弗朗斯·德瓦尔（Frans de Waal）在《共情时代》一书中提到了共情的套娃理论，将共情分为三个层级：第一层级为情绪的传染和本能性模仿，第二层级流露关心与安慰，第三层级表现为付诸行动并设身处地给予他人帮助。第一层级也是核心部分，就是情绪传染和模仿，这是一种本能性的模仿。情绪通过弥散传播可以一个个体向另外一个个体流传，当我们看到陌生人因在灾难中失去至亲哭泣时，自身也会感到无比悲伤；当我们因他人追梦成功自己的内心也热血沸腾时，此时两个个体间的情感被激活并连接在一起，这种物伤其类、推己及人的情绪感受就是共情第一层级的表现。第二层级表现为表达关心与抚慰，形成情绪共鸣。共情能力较高的人在谈话时会时刻关心对方，并尽力关注对方的利益和福祉，而不只是关注自身。在第一环节的铺垫下，此时的主持共情浓度会更高、更强烈。第三层级的主持共情表现在行动层面，设身处地帮助他人。在一、二层级的情感积淀下，此时将内化的情感表达外化为具体行动。随着媒介技术的发展，访谈节目借助媒体平台将生活中的聊天场景呈现在访谈节目构建的拟态空间内，在这一拟态空间内访谈双方进行多元意见表达。在访谈节目的呈现形式上，可将诸多人际传播的特性融入大众传播中，此时充分调动主持共情，可以最大限度拉近主宾双方的心理距离，助力访谈节目呈现多元视角以及竭尽真实地交互表达。主持共情传播的效果达成需要多种因素的共同作用，如角色建构、心理建构以及话题建构等。

角色建构被解释为人的自我内涵同角色内涵的同一性，让角色同自我之间保持一致，这就是自我同角色间的角色建构。体现在播音主持即兴口语表达中，就是播音主持呈现的角色意识。播音主持的角色构建既要符合国家、社会、受众的内心期待，又要保持非角色化的自我个性。倾听是一种美德，也是一种与人交往的智慧。倾听可以分为"倾向性倾听"和"共情式倾听"，事实上无论是日常生活中还是访谈节目中，倾听的一方往往更容易表现出倾向性倾听的特征。具体表现为倾听者根据自己的经验得出带有倾向性的结论，并且整个倾听的过程都常常

第六章 播音主持的语言表达

带有偏见和思维定式。与之相反的共情式倾听往往可以规避这种情形的发生。播音主持实现共情式倾听可以分为三个步骤：首先，在即兴口语表达中清空杂念，全神贯注地听被访嘉宾的表达，不预设立场，不妄加评判。其次，尽量多设置一些开放式问题，因为开放式问题可以更多将选择权交给被访嘉宾，这样可以让被访嘉宾充分表达自己的想法和感受。再次，播音主持自身要进行评估，评估自己以及评估对方。评估的驱动力来自好奇心，当播音主持怀揣探索欲和求知欲时，在好奇心的驱动下有助于了解被访嘉宾的背景和观念。每一位被访嘉宾都有属于他们自己的独一无二的故事、童年、人生、梦想，这些经历也是他们身上弥足珍贵的地方，这就需要播音主持抱有一份好奇心，深度挖掘和询问。最后，保持一定的抽离感，这样才能进行更纯粹和更完整的共情式倾听。

心理建构是一种心理延伸，心理因素也是控制个体行为的重要因素。在即兴口语表达中进行心理建构对最终达成共情尤为重要。共情不仅是一种技术，也是一种态度和能力，加强心理建构可以从以下几方面着手。首先，打破隔阂、接纳情绪，用包容促共情。播音主持表达的首要特征是建立与被访对象的情绪连接。情绪是我们身体对环境刺激做出的一种反应模式，这种反应模式被我们的大脑觉察到了，然后出现了很多情绪反应。它是我们身体特别真切的信号，是对这个情景刺激最真实的反应，它反映了一个人惯常的应对这个世界的模式，也跟情景给他带来冲击的这些刺激是契合的。无论是正性情绪还是负性情绪，都是被访对象基于自身体验后生理机能和心理机能给予的真实反馈。每一种情绪出现时都是一个彼此沟通和彼此理解的最佳时机，因此共情能力强的主持往往具有较强的情绪敏感性，会及时把握时机，接纳即兴口语表达中产生的正性或负性的情绪，唤起自身的情感表达，并在交谈互动中增进信任和理解，增强被访对象的表达欲望。具有高共情特质的播音主持可以更容易从中体验到温情和理解，并感受到价值和意义，获得支持和滋养，具有更强的主观幸福感。其次，设身处地、真情流露，以真情促即兴口语表达中的共情。打开共情开关，设身处地为他人着想。真情流露的前提是播音主持可以更多了解被访对象的生活经历的背景和细节，要时时刻刻从细节之处捕捉被访对象的性格特点，借助细节举动联想到自身的相关经历进而创造引发共情的条件。最后，唤醒身份认同语境，以自爱促共情。对自己存善心，才会对他人怀善念。这就是一种自爱的表现，自爱是提升共情能力的必要基础，因为一个人只有足够自爱，才能有更深层次的情绪力量与自知之明来更好地关怀他人。播音主持同样需要具备这样的心理基础，敞开心扉、随机应变并充分共情。

即兴口语表达的话题既有社会热点话题，也有历久弥新的时代性话题。话题是访谈的中心，双方围绕话题这一中心开始进行发散式讨论。话题的讨论空间、新颖的讨论角度、有趣、有料，这些问题的答案往往关乎可看性，让受众更有代入感与情感共鸣。另外，还要提升话题认知深度，以真知促共情，围绕话题原则营造共情环境，便更容易与受众达成共情。

（二）即兴口语表达的互动方法

互动是一个社会学概念，指各种因素之间相互影响、相互促进、互为因果的作用和关系。在我们日常生活中，互动是指社会上个人与个人之间、群体与群体之间等通过语言或其他手段传播信息而产生相互依赖性的行为过程。在言语交际中，互动是动态性话语过程的体现，它是人类言语交际系统的基本模式，也是人类进行认知和交际的一个有力工具。在修辞学界，也有一部分学者谈及互动概念。例如，有学者认为"从控制论角度来说，言语交际过程也是一种话语互动过程"；有学者也曾认为"修辞的实质是言语交际中的话语效果互动行为，即发话人有效调控言语交际的进程和交际的各种参与因素，运用针对性的话语策略，最大限度地促使发话人所期待的话语效果的成功实现"。

在即兴口语表达中，互动自始至终都在发生着。在播音主持创作的策划和准备阶段，会分析受众的偏好、市场的需求等，播音主持会了解被访对象的资料、节目的流程等，这可以被视为前期互动。在结束和总结阶段，对收视率的统计、受众的反馈数据进行分析，这可以被视为后期互动。而在进行阶段，播音主持与嘉宾和受众进行面对面的言语交际行为，展开实时性的话语交际活动。此时，交际者的语言表达会随着语境的变化而发生变化，这种言语交际活动具有动态性。

因此，综合起来看，互动指的是交际者在特定的语境下，运用语言进行交际以实现交际意图的即时性交际活动。而播音主持互动话语则是指播音主持作为交际一方，根据不同语境进行语言选择的一个动态的过程。

互动活动的实质是互动双方间进行符号的传递。互动在不同学科、领域都有不同解释，但一般来说，互动的意思即不同主体与客体间的相互影响、相互作用。互动活动的研究主要集中在社会语言学和心理学这两个学派。

影响互动活动的要素包括目的、过程和互动模式等。①互动活动以目的为前提。任何的互动活动都是带有目的性的，互动活动的行为主体为了达成某一目的，依靠一定的语言或非语言符号来表情达意。例如，在教学活动中，教师为了让学生学习到某些知识，会通过敲击黑板、制造噪声等方式让学生们提高注意力，也

第六章　播音主持的语言表达

会通过黑板板书的展示、口语表达的方式把老师认为的重点讲述给学生。这些互动活动都带有一定的目的性。②互动活动是动态的过程。互动活动的要素包括了活动发生的特定场所，还包括了互动活动的行为主体。在互动活动过程中，这些要素不是一成不变的。互动活动发生场所的内部结构和形态会随着时间的推移而发生变化，这些变化对互动活动的发生主体会产生影响。此外，互动活动其实也是互动活动行为主体间相互影响的过程，每一个行为主体因其自身的社会经历、知识涵养不同，同时受对方行为和场所变化的影响而在互动、交际的过程中运用不同的策略、表现不同的行为。③互动模式的影响。不同的互动活动往往存在着某一具体模式，这种模式的产生既是对互动活动的反应，又能影响着互动活动的发展。

　　播音主持的话语互动是媒介传播中一种特殊的言语交际类型，说它特殊，是因为它既有主持人与嘉宾"一对一"的互动交流，彼此在相互激发中完成对话，也有主持人与观众"一对多"的信息传播，在拟态中实现人际传播。除此之外，明确的交际意图、复杂的交际语境、丰富的话语内容也是主持人话语互动的显著特征。它区别于日常言语交际，展现着交际的艺术性。①交际主体构成的复杂性。一般而言，播音主持的交际主体包括主持人、嘉宾、受众。首先，播音主持是互动活动的灵魂。播音主持作为一种职业角色，扮演着主导者、推动者、总结者等多重角色，承担着信息、娱乐、情感、审美等多重功能。作为贯穿始终的交际主体，播音主持在主持过程中要把握话语角色的定位，语言选择要顺应不同的话语角色。其次，嘉宾也是交际主体之一。在即兴口语表达互动活动中，嘉宾往往处于核心地位，他们是权威观点、核心信息的主要发布人，他们的情绪状态如何、表达效果如何等都会对交际互动活动产生重要的影响。此外，不同嘉宾的性别年龄、生活经历、职业背景等都各不相同，这就要求播音主持在与嘉宾进行交流时，既要构建和谐的交际关系，营造轻松的交际氛围，又要"因人而异"，即针对每一位嘉宾的不同特点选择恰当的口语表达方式。最后，受众也是交际主体之一。受众既包括来到现场的观众，又包括场外的"不确定的大多数"。受众是大众传播的目标群体，他们是传播活动的检验者和修正者。对于在现场的受众，主持人需要适当地开展口语表达互动交流，让其参与到整个传播活动中来；对于在场外的受众，也需要预设他们的期待心理，在进行交际互动时把目标群体放在着重考虑的位置。②交际意图的明确性。在即兴口语表达的互动活动中都有着相对明确的中心主旨或核心话题，围绕着交际意图展开，就像在创作一篇文章之前，作者对文章的中心思想已经了然于心。如文化类节目的交际意图偏向于优秀文化的传播，科普类节目的交际意图偏向于专业知识的普及，综艺类节目的交际意图则偏向于放松心情、娱乐大众等。在即兴口语表达互动活动中，交际主体都围绕着主题或者互动话题在平等开放的话语空间展开讨论、分享观点即兴口语表达。播音主持作为统揽全局、把控话题的核心人物，往往以明确的交际意图为导向，适时地对话题的开展进行引导、总结和升华，以接近甚至达到交际意图的目标点位。在不同类型节目中，交际意图不同，主持人的话语选择也就不同。③交际语境的多层性。广播电视属于大众传播，是人际传播的延伸，其语言是各种语体运用的集大成者。它的语境既包括人际传播语言的一般语境，还有人际传播语言所没有的语境，即广播影视的特殊语境。在语言顺应论中，"语境"指的是语言的使用环境，用来指与话语互相顺应的一切因素或影响话语处理的一切因素。因此，语言顺应论视角下的广播电视互动话语语境包括交际者因素、客观的物理世界因素和社交世界因素以及主观的心理因素等。就言语交际过程而言，交际双方的交际过程是动态变化着的。随着语言选择的不断发生，与语言选择构成顺应关系的语境因素也是不断变化的，所以，互动话语的构成要素是动态的。④交际形式的选择性。交际互动是指交际者以口头语言为载体进行的信息交流活动。语言是一种符号系统，包括形式和意义两个方面。话语形式是话语意义的载体，话语意义的表达需要运用恰当的话语形式，播音主持进行言语交际就是为了向受众传递信息、表达情感。所以，话语意义的重要性不言而喻。而话语形式作为话语意义的载体，在传播过程中不但不能忽视，反而要加以重视和利用。播音主持要表达什么样的话语意义，传递什么样的思想，为什么要这么说而不那么说，为什么用这种口气而不用那种口气，用什么样的语言进行"包装"，在语言包装中怎样符合节目宗旨，怎样顺应受众的接受心理和习惯等交际话语形式的选择对主持人来说都是非常重要的。恰当的即兴口语话语形式不仅事半功倍，而且能够给交际一方留下深刻的印象，从而增强交际效果。

　　作为即时性的交际活动，主持人的话语交际过程是一个语言选择的过程，即一个从若干可能性的话语方式中做出合理选择的过程。播音主持身处复杂的传播语境，其中包含的各种因素都影响其互动话语选择。为了实现交际意图，播音主持需要顺应语境中的各种可能性因素，以实现良好的交际效果。互动话语是指言语交际双方在特定的语境下通过语义构建表达着自己意图，通过提问、问答去构建话语，并对对方的意图进行反馈，以此循环往复。

　　①互动话语的构成。互动话语的研究对象一般指包括了发话人、释话人在内的语言使用者，还包括了语境和语言内容的研究等。在互动过程中，当语言使用

第六章 播音主持的语言表达

者作为发话人时,会通过编码的方式并运用语言表达自己的意愿,此时受话人接收发话人的语言内容后,再进行解码从而得知发话人的意图。受话人与发话人的身份并不是固定的,他们之间可以相互转变,而当他们的身份循环往复时,互动话语便由此构成。②语境下的互动话语。互动话语在不同语境下往往有着自己独特的模式和特点,不同的语境下的互动话语都有其独特性。互动话语主要是围绕着主持人与现场嘉宾、观众及电视机前的观众间的对话展开的。即兴口语表达的互动话语离不开主持人,主持人通过问答、讲述等构建互动话语并推动互动话语的进程。此外,不同主持人生活背景的差异也会导致其话语具有特殊性,因此也需要考虑到这些因素。互动话语还要考虑到语境要素。例如,电视是综合运用画面、声音、字幕等多种传播符号的媒介,电视访谈是借助电视媒介,通过主持人与嘉宾的交谈,在人际传播的基础上进行的大众传播类节目。因此主持人在节目中通常会通过调控、运用这些语境要素来完成其交际目的,从而实现"理想"化的节目效果。节目的播出往往需要为受众带来一定的教育作用、审美教育作用等,此时语言的表达便能体现出"规范化""专业化"。③播音主持互动话语构建过程中的顺应。"编码—发出"即播音主持话语选择的过程,"接受—编码"即播音主持话语理解的过程。顺应是"语境"和"结构"相互影响的过程,顺应发生在播音主持互动话语构建的全过程。主持人和嘉宾在话语选择和理解的过程中都在顺应语境并对语言的表达和理解做出选择,并且在构建互动话语的同时,也让语境不断发生着新的变化。第一,"编码—发出"过程中的顺应。一般来说,播音主持即兴口语表达由不同的部分、板块或环节构成,主持人在其中根据不同的要求构建不同的话语。编码的具体步骤是对话语构建的基本心理过程;"语境"代表着语言使用者在这些过程中均与语境发生着联系,都在顺应着语境。这也说明语言的选择是一个动态的过程,也说明顺应具有动态性。可以说,对语境的顺应是微观的现象,它可以发生在互动话语中的任何环节。播音主持即兴口语表达互动话语的构建需要考虑到具体环节播出程序中的位置,要对具体环节、板块进行定位。接着,当对具体板块进行定位后,播音主持也需要考虑这些板块对于主持的具体要求。这些要求有时也会考虑到节目的差异和语境的变化等因素,从而呈现出不同的特点。例如,主持人在节目中通常都具有信息提供的功能,《等着我》节目会因为语境的不同,从而要求播音主持通过话语提供自我的观点或是介绍事件概况。而当有不同的功能及要求出现时,播音主持就需要根据这一要求选择适当的语用身份。语用身份的不同与语境关系密切,即语用身份具有多重性,主持人会在特定的语境下顺应具体语境要素,选择适合的语用身份进行交际。当确立好语用身份时,播音主持还可以考虑语境的要素从而进行表达。在现场即兴口语对话中,主持人可以眼观六路、耳听八方,注重具体语境中事物的联系,从而更好地传递人们内心当中真实的想法以及其他信息。接下来播音主持就到了发声前的准备工作了,即调整具体语言结构进行表达。主持人在具体语境的影响下选择合适的语体、词汇、语法等要素,并注重具体的语用特点,选择合适的语用策略,最终通过语音的形式表达出来。主持人在经过了以上步骤之后,既顺应语境构建新的语篇,也创造了新的语境。第二,"接收—解码"过程中的顺应。播音主持话语理解的过程,即将对方的话语结构进行拆分和理解的过程。播音主持在话语理解的过程中,首先要借助发话人将信息以语音的形式发送到自己的耳朵(接收器)中。因此,播音主持要理解对方的话语内容,首先要感知到具体的语言结构。其次,播音主持要分析这些语言结构中的要素所具有的含义,在这一分析过程中顺应了自身对于语言结构的认知。例如,当嘉宾使用疑问句进行提问时播音主持一定顺应了自身对于疑问句语法的认知。接下来,需要分析语境对于嘉宾语言表达的影响,在这一分析的过程中,其实也顺应了对语境的了解。最后,播音主持还需要分析嘉宾语用身份,也要明确对方及自身在会话、节目中的功能和要求。例如,在群体会话中,主持人需要明确嘉宾话语内容的指向对象,明确嘉宾的话是说给谁的,也要明确自己在节目中的位置。这些都说明主持人顺应了语境的要素。当经历过这些步骤后,主持人最终也就明确了对方的具体思想,并且进而又进入"编码—发出"的过程,循环往复,不断地构建播音主持互动话语。

播音主持即兴口语表达的互动主要通过如下方面进行:

①确定角色,定位受众。在复杂的传播语境中,播音主持恰当的话语角色选择与准确的受众定位是构建即兴口语交际关系、开展交际活动的关键前提。播音主持的话语角色是动态变化的,不同的场域角色定位不同,甚至在同一个场域随着互动的不断变化,播音主持的角色定位也会发生改变。准确的角色定位有利于把控互动的节奏和走向,为互动话语的顺利开展、实现良好的交际效果奠定基础。因此,播音主持互动话语的开展首先需要准确地完成话语角色的定位。在不同的节目中,主持人要把握"常规话语角色"的节目差异性;而在同一档节目中,主持人也要把握"局部话语角色"在不同互动进程中的转换。因此,播音主持需要根据节目的定位确定自己的即兴话语角色,或者根据语境的需要转变自己的即兴话语角色。此外,准确的受众定位也是即兴互动话语成功开展的一个关键前提。受众定位关乎播音主持风格和互动话语的选择,准确把握受众定位能够促进传播效果的实现。例如,《开讲啦》是面向青年的电视公开课节目,其互动话语选择

第六章 播音主持的语言表达

就要体现对青年群体的引导性和启发性;一些面向更广泛群体的综艺娱乐类节目如央视的《你好,生活》等,其语言选择则更显日常化。在客观的外在因素与主观的内在因素的影响下,受众会产生不同的心理需求,如求知、求新、求美、求异、求趣等心理。此时,播音主持需要根据不同的受众定位选择不同的主持风格和互动话语。例如,幽默是一种巧妙的言语方式,幽默的话语具有愉悦人心、化解尴尬、调节气氛、密切人际关系等功能。受众选择观看一档电视节目,通常而言,"求趣"心理是人皆有之的。因此,播音主持的互动话语可以适当地加入幽默元素,不仅可以满足受众心理需求,也可以实现"寓教于乐""寓学于趣"的节目理念。

②以情感人,拉近距离。播音主持展现人文关怀、传递情感情绪是即兴口语表达互动中必不可少的。人文精神体现在对他人的尊重、理解和关爱上,而这些都可以通过情感抒发的方式表现出来。实际上,播音主持与嘉宾和受众的互动交流是一种心灵的交流、情感的传递,播音主持可以通过情真意切的语言表达拉近彼此的距离,做到以情感人、以情动人,构建平等尊重、坦诚相待的和谐交际关系,使得整个交际场合充满温度。再者,拉近距离并不等同于没有距离,播音主持还需要充分考虑嘉宾的感受,需要把握互动话语选择的"度"。此外,在主持过程中需要向对方表达请求或建议时,主持人可以适当使用含有动词重叠式或表示短时词语的表达方式,如"讲讲""说说""说一下"等,礼貌委婉地表达祈使之意,使得嘉宾心理上更易于接受请求和建议,营造一种平等融洽的口语交际氛围。

③恰当引导,把握节奏。在构建和谐的交际关系后,对互动的内容进行恰当的引导、对节奏进行合理的调控也是行之有效的播音主持互动话语的构建策略。如果把电视节目比喻为一场演奏会,那么主持人则扮演着关键的指挥角色,节目的"轻重缓急""高低起伏"都取决于主持人手中那根看不见的"指挥棒"。首先,对互动内容进行恰当引导的前提是把握核心、善抓重点,围绕整档节目的核心展开互动。对于不同的节目类型,互动引导的方向是不同的,也就是说,扮演"引导者"话语角色的方式是不同的。其次,恰当引导的关键还在于语言表达的承启。上文提到,互动话语交际语境是复杂的、多层的,作为多向交流的协调者,播音主持既要处理好与嘉宾的互动关系,也要在嘉宾与受众之间架设沟通与传播的桥梁。因此,播音主持既要适当地进行价值引导,又要注意交际语篇的衔接与转换和交际话语的凝练与精准,一方面使得语篇衔接自然、话题转换得当,另一方面使得语言表意清晰、明白晓畅。此外,对互动的节奏进行适度把握也是十分

重要的。在某种程度上来说，把握节奏是对互动活动定位的顺应结果。播音主持可以根据互动活动的类型和定位调控"松紧度"。

④刻画细节，拓展深度。常言道："细节决定成败"，在某种程度上来说，细节决定了事情发展的走向。这个道理同样适用于播音主持即兴口语表达的互动活动中，特别是在与人物的互动采访中，抓住细节可以让交际互动的内容更加充实，更加富有深度。一位优秀的播音主持善于从交际者的话语中捕捉关键细节，并且挖掘细节背后的故事，以此来对互动内容进行进一步拓展。

⑤联系现实，与时俱进。作为大众传播过程中的关键一环，播音主持绝不仅仅是信息的传声筒、消息的搬运工，还是温度的传递者、观点的表达者、价值的输出者。一个优秀的播音主持应该拥有这样的胸怀和视野：把自己的视野放在宏大的社会生活中，用自己思想的锐度和探索的力度对社会主流话题进行阐释，成为与时代同频的媒体工作者。因此，播音主持的互动话语可以适当聚焦社会热点，将社会热点和节目话题相结合，让受众在收看节目的同时也能观照现实，引导或帮助受众剖析和解决现实生活中的问题，从而实现节目的现实意义，拓宽节目的纬度。例如，主持人撒贝宁在节目中，经常通过与嘉宾的互动联系到现实中的一些热点问题，与时俱进，探讨时事，使得受众通过电视节目这个"窗口"了解社会、开阔眼界。主持人即兴互动话语除了聚焦社会热点，也要注重文化传播。如果说语言是文明最宏大的容器，那么用语言推动社会文化传播就是主持人最强大的功能。电视节目是一个文化传播的窗口，而主持人作为电视节目的重要组成部分，必须发挥自己的表现力、影响力和推动力，做好中华文化行走的代言人。当然，播音主持的文化传播并不是个体化的行为，而是体现着媒体价值，反映出人们的价值观念，必然要讲究传播的艺术。因此，播音主持的即兴互动话语要注重文化传播，坚持正确导向，弘扬社会正能量，传播先进文化。不仅如此，播音主持的互动话语也要追求传播的艺术，以契合节目、契合受众的话语方式，以"润物细无声"的方式进行文化传播。

三、新媒体时代播音主持即兴口语表达能力的提升

从全媒体、融媒体再到智媒体，媒体形态的自我迭代和升级构成了全新的媒介文化景观。新媒体播音主持在后现代语境中清晰地认识到自身问题的同时，也要培养良好的口语表达能力以顺应文化传播语境的全方位变革。尤其是在新文科建设背景下，艺术学科以及一线领域更应该顺应国家发展的时代需求，探索中国特色艺术学科体系守正创新的发展之路。播音主持从业者要紧跟经济全球化进程，

第六章 播音主持的语言表达

在坚守初心的同时从国际传播的理念出发,建构有文化价值内涵的多元文化主体。

习近平总书记曾提出要"加强和改进国际传播工作,展示真实、立体、全面的中国",强调"要采用贴近不同区域、不同国家、不同群体受众的精准传播方式,推进中国故事和中国声音的全球化表达、区域化表达、分众化表达,增强国际传播的亲和力和实效性"。思想水平是播音主持的素质根本,播音主持具备强烈的社会责任感和较高的政治思想觉悟是一切工作的前提和基础。新时代下,新媒体播音主持更要具备国际传播的宏观格局,打开视野,增强思想政治建设,通过传播让国人充实思想和精神内核,不断增强政治自信。

新媒体播音主持思想政治素养的提升是必须时刻重视的。首先,新媒体播音主持要进一步加强理论知识的学习,掌握好当前国际国内政治局势,尤其在目前复杂多变的国际形势下更要坚定政治方向和立场,因为播音主持在媒体中所说的每一句话都会产生一定的社会影响力。其次,新媒体播音主持在网络文化空间这一"热环境"中更要学会"冷思考",平衡好内容和思想价值传播的关系,要加强对自身的纪律管理。同时,新媒体播音主持也应做到自律和自省,通过个人的正面形象为社会大众树立良好的榜样。

信息爆炸、众声喧哗的互联网时代让殊相变得冗杂,每个人内心的共相越来越模糊。而互联网用户很容易被扑面而来的信息淹没。共相和殊相是相互支撑的存在,需要权威的传播主体给予内心坚定的定见和共相,以此才能去整合殊相并将正确的文化理念传递给受众。新媒体播音主持可以通过文化叙事的方式整合殊相。费雷德里克·杰姆逊(Fredric Jammeson)指出"文化从来就不是哲学性的,文化其实是讲故事"。新媒体播音主持应该通过具有情怀和感性色彩的叙事方式进行文化表达,带领观众沉浸式学习往哲先贤的智慧与思想,感受中华文明的魅力与伟大。例如,爱奇艺出品的文化类节目《登场了!敦煌》《登场了!洛阳》,主持人汪涵在节目中通过探索、体验、讲述的方式将敦煌与洛阳两地的历史文化由表及里、全方位、多维度地呈现给用户,架起了年轻用户与传统文化之间的沟通桥梁。新媒体播音主持的文化叙事在体现节目价值的同时也构建起了全新的时代文化景观,主持人不仅是表达核心,更肩负着对优秀文化的生产与宣传的责任。习近平总书记指出:"中华优秀传统文化是中华民族的精神命脉,是涵养社会主义核心价值观的重要源泉,也是我们在世界文化激荡中站稳脚跟的坚实根基。"新媒体播音主持作为节目的传播主体,更要把握正确的路线与方向,将中华民族传统文化内容作为传播的目的和意义,通过播音主持擅长的口语表达讲好中国故事,传播好中国声音。

有声语言的音质、音量、音准、语音、语调的艺术化呈现是口语能力的显著特性，在即兴口语传播效果中发挥着不容忽视的重大作用。互联网时代，虽然节目类型化、网红主播走红等因素在一定程度上减弱了播音主持的传播力与影响力，但是一些主持人如撒贝宁、汪涵、何炅等依旧受到观众的喜爱，这是因为主持人在口语传播的显性特征上起到了一定的示范作用。例如，央视主持人和带货主播一起直播时，我们就可以看出主持人显性特征的重要性和影响力。相比于李佳琦的"买它，买它"，让网友印象深刻的是朱广权在直播间对商品展开生动形象的诗词描述和妙语连珠的介绍，很多网友甚至在评论区说因为有专业主持人朱广权，直播间瞬间变成了语文课。这也说明了扎实的语音发声基础对新媒体播音主持来说是必须具备的，在播音创作基础的理论指导下将表达内容进行艺术化呈现对新媒体播音主持而言是至关重要的。因此播音主持在口语表达上依旧要做到规范化和专业化，如声母、韵母、声调、语流音变的训练，气息与口腔的控制，吐字归音、内外部技巧的掌握等。扎实的基本功训练是提高良好口语能力的必经之路。

语言的规范化和专业化是播音主持口语传播能力的核心要素之一，正如中国传媒大学播音主持艺术学院教授吴郁所说的："如果语音的规范化、语言的清晰度达不到一个职业水准，就会使节目的可听性大打折扣，甚至让人不忍卒听，节目创作人员所有的劳动和心血就会在有声语言这一环功亏一篑、前功尽弃。"因此，播音主持应该始终坚持进行有声语言的基本功训练，将理论和实践相结合的理念贯彻到底。

第七章　播音主持的艺术风格

改革开放以来我国的政治、经济和文化水平的日益提高，促进了播音主持的整体发展与进步，播音主持艺术风格也变得多样化。尤其是新媒体时代出现的多类型主持风格颠覆了传统单一的话语模式，播音主持的艺术风格具有鲜明的时代特征。本章分为播音语言的艺术特征、播音主持的艺术风格两个部分。

第一节　播音语言的艺术特征

一、音声美

播音语言的音声美指播音的声音圆润、清朗，吐字归音准确、清晰。音声化，就是使声音不断美化、艺术化。播音中给人以美感的声音总是具有圆润、响亮、坚实、持久的共同特点。圆润的音声饱满而润泽，响亮的音声洪亮、明亮、透亮，坚实的音声结实、稳定、坚固，持久的音声从头到尾、自始至终一直是圆润、响亮、坚实的。

播音使用的是规范的汉民族共同语，汉语本身就是一种声感优美的语言，不仅语音抑扬顿挫、富有音乐节律，而且语句的组合也十分讲究和谐、对仗，富有韵律。播音语言不仅需要准确、鲜明、生动地传达节目内容，而且应最大限度发挥汉民族语言自身的优势，使之字音响亮，声调和谐，节奏鲜明，韵味悠长，这样就会给人以美感，产生动人的魅力。

二、意蕴美

播音语言的意蕴美指播音的词语晓畅、蕴含明确、主次鲜明、逻辑清楚。播音语言的意蕴是在表现现实生活的同时，揭示与它相关的其他事件或社会意义，把丰富复杂的内容用精练的形式概括性地加以表现，以达到"言有尽而意无穷"的境界。播音语言的意蕴美会给人以文约意丰、余味无穷的美感。

从艺术创作的角度看，播音语言的意蕴涵盖意境，把意境作为衡量艺术美的重要标准。意境是情与景、意与境的统一。在许多著名播音艺术家的作品中，我们都能真切地感觉到那种神韵和气质体现出的意境美。具有意境美的文字，一个字便可展现一个完整的画面，对意境美的审美需求我国更是自古便有。播音创作的语言风格和文学中的"意境美"具有诸多共同点。

首先，播音有声语言风格需要有自身的意境美，这不仅符合受众的审美诉求，更是当代播音主持语言风格所需要的内在体现。符合意境美的播音语言会更具人情味、更感性、更能打动人心、引起共鸣。播音主持工作中加入文艺作品中的"意境"，这种播音学与美学的有机融合是一种新的境界升华。例如，一档好的节目是画面语言符号与有声语言符号的完美融合。在节目拍摄制作过程中不说突兀的话，对嘉宾的提问要从细节入手，节目的各个环节需要有巧妙的构思、精密的安排，主持人说出的每一句话都要经过仔细推敲。

其次，播音影像画面语言风格呈现出的意境美。古诗词中文字的意境美的体现比比皆是，例如，贺知章在《咏柳》中写道："碧玉妆成一树高，万条垂下绿丝绦。不知细叶谁裁出，二月春风似剪刀。"诗人在描写春意盎然的景象时用了"妆"字，这样拟人的字眼格外能描绘出春天的意境美，使人感同身受。同样在优秀的播音中，主持人通过真挚情感结合所处相应意境下的环境所呈现的综合氛围来表达，不仅可以起到感染受众的作用，更能使人借助联想产生更为广阔深邃的意境。艺术欣赏中的最高境界是产生共鸣，受众能达到的最高境界便是和播音语言产生共鸣，若是能做到这一点，可谓一档极为成功的节目。

三、分寸美

播音语言的分寸是播音内容的主次、感情的浓淡、态度的差异等涉及整体把握的结构问题。任何稿件，任何话题，从句到段到篇，几乎都存在分寸感的把握问题。面对纷繁复杂的人、事、物及其关系，在反映和讲述它们的时候，要有主次，有轻重，有缓急，并在有序的、动态的传播中显示各自的位置、价值。这些比较中的存在，必须用相应的、贴切的有声语言给予鲜明、适当的表现。因此播音语言中的"分寸美"事实上也就是艺术表现的结构美。

第七章　播音主持的艺术风格

四、韵律美

播音语言的韵律美，是由它所使用的汉语言的美所决定的。播音所使用的语言不仅要准确、生动地表现正确、丰富的内容，而且还要具有声音响亮、声调和谐、节奏鲜明、声感优美的特色，使听众不仅悦之于耳，而且动之于心，产生兴趣和美感，产生和谐的共鸣。所以，汉语言的韵律美不仅体现在诗文中，也体现在播音语言艺术中。这种美为播音员的艺术再创造提供了广阔的艺术天地。

播音语言的韵律美，更是播音员艺术创造的结果。如果说播音所使用的汉语言是一种原发的、客观的、自然存在的美，那么播音就是一项再创造的艺术活动。播音从稿件的内容和形式出发，在"理解稿件，具体感受，形之于声，及于听众"的过程中，达到正确理解与准确表达的统一，达到思想感情与尽可能完美的语言技巧的统一，达到语言形式与体裁风格的统一，准确、鲜明、生动地传达出稿件的精神实质。

老舍在《出口成章》一书中强调"选择字词要选用音义俱美的"。汉语言的韵律美在中国古典诗词曲当中发挥到淋漓尽致。例如，唐诗对韵律的要求便非常严格，文字中的音乐美细微到呈现于每一个单音节字的韵脚。而散文中的韵律美则更加注重语言的旋律性，综合语义美和语音美，如利用多叠音的映衬，句式会运用排比、反复回环等以实现音乐节奏的强化。而整句与散句参差排列，也是为了让情感与思绪通过声韵调的组合而得到尽情地表达。生产决定消费，具有韵律美的语言风格是市场需求的，当代受众对高品质、具有韵律美的播音语言风格都是有所期待的。播音语言中要做到韵律美，主要从以下几方面出发。

首先，从有声语言角度进行分析。汉语普通话艺术的韵律美，这也是在汉语言的长期艺术实践中反映出的。现代汉语分为阴阳上去四声。普通话中单元音发音占据优势，23个声母当中清音占据优势，从而发音动听响亮。儿化音柔美细腻，"啊"字变调又让人感觉舒适亲切。若是播音语言能够掌握"韵律美"这一利器，在前期策划的文字撰写中推敲所要表达的语言，对形成自身独具特色的语言风格极有益处。从每一个单音节字的韵律及声调的变化都可体现出文字的节奏感，若说播音语言所使用的现代汉语普通话本身就是一种美的话，对于播音主持来说这是一种自然存在的、客观的美，它能否转换为播音主持独具个人风格艺术的美需要播音主持积极的艺术再创造。播音中想要让语言具有韵律美，也需要沿用正确的创作思路。即从播音的内容和形式出发，真情实感，授之于观众，达到有声语言风格与播音主持创作形式的统一。

其次，从以创作为中心的角度进行分析。语言是思维的工具，播音语言是播音主持内在情愫的表现形式与工具，例如，《走近巴金》为一档人物专题节目，为表达主体人物人生不同阶段的不同心境，节目各板块所运用的播音语言也不尽相同。若是把一档完整节目的画面语言与有声语言的结合当成一首诗歌，那节目的每一版块则可视为一首诗歌不同篇章。开篇之处，讲述巴金先生的出生与成长背景（出生于大家族，却有长期和社会底层人民有密切接触）为下一篇章的深入展开埋下伏笔；中篇阐述巴金先生成长与创作阶段矛盾冲突（受到新文学运动与法国大革命的影响）为下一阶段谈到巴金先生为何选择拿起笔走上写作道路进行铺垫。节目中有大约时长五分钟为嘉宾出镜，主持人采访提问加历史资料画面的呈现方式。播音主持的出镜及画外播音语言，与节目整体的节奏保持一致，使得节目韵律和播音主持语言的韵律融为一体。尾篇为回顾巴金先生文学创作一生的高潮，阐述后世文学研究者对巴金文学的评价。整档节目力求做到完整有高潮与矛盾冲突，使得节目更具有韵律的美感。

最后，从播音主持内在情感角度分析。对巴金先生这样一位一生以"真"与"善"为信条的文化名人的崇拜与敬意是发自内心深处的自然流露，而情、声、气三者之间的结合也正是播音主持创作当中的基本方法之一。例如，《走近巴金》专题节目的内容虽具有文学性，但是需要好的形式来呈现才能展现出好的节目。在节目当中主持人在气息控制上力求做到全情投入，气息跟随感情的变化而变化，同时用气息的变化带动声音的变化。主持人在对语言内容和观众的感情态度上必须要用真情，设身处地为观众着想，这是一个播音主持非常重要的内涵。受众获得信息是通过画面语言与有声语言，把握播音语言的高低对比，强弱变化，虚实变化时就不单单是语言技巧的展现，真挚感人的语言展现都需要与感情色彩相紧密联系。同时，感情的变化也是一种生理性的变现，最直接的展现是气息的变化，主持人在《走近巴金》的节目创作中力求做到不卑不亢。"情"是第一位的，但气息在播音艺术创作中处于承上启下的位置，起到情感转化为声音的桥梁作用，因此应该明确认识到在把握真挚感人的语言风格时需要认真仔细处理好情、声、气三者之间的关系。综上可见，具有韵律美的播音语言需要情感作为支撑。

五、语言美

美感是人们的感官接触到美好、新鲜事物时的一种感动，是一种愉悦之情的

第七章　播音主持的艺术风格

内在心理感受，是对美的认识和鉴赏，是一种直观的审美体验。主持人在播音语言表达时应该具备审美性，它是播音主持传播效果的最终体现。播音语言作为文化的一种产物，播音主持话语自始至终贯穿播音主持中，与播音主持活动形成一种不可分割的整体处于被受众欣赏的地位，因此播音语言应该满足受众的审美。播音语言审美主要表现在如下几个方面。

①播音语言表达时对节奏的把握。流畅的节奏能够帮助主持人在语言的使用中呈现出一种音乐美，每一种节奏的跌宕起伏都有自身的独特魅力。播音语言的节奏既需要富有个性，同时又需要根据节目的内容产生不同的变化。这里需要注意的是，不能够因为要迎合快节奏的步调，而丧失了语言节奏的缓慢有矢，这样会很容易让受众产生疲劳，受众得到的有效信息就会减少。

②播音语言中使用的表现手法。在保证了播音主持创作真实、精准的基础上，借助想象、联想、夸张等表现手法美化语言；多使用排比、拟人、比喻等修辞为语言增色。这里所说的语言表达并不是主持人在生活中的口语化，而是播音主持创作中语言的美感和专业度。

③播音语言美感所产生的精神上的愉悦。播音主持在话语表达时具有客观清晰的理性头脑，但是任何一种理性的主持风格中都会或多或少的掺杂一些个人的情感共识，因为只有具备最真实的表达感受才能够打动受众，同时这也是体现美感精神愉悦性的手法。

④播音副语言表达的使用。根据节目内容和情境，展示出的表情、眼神、动作等。例如，大国政治外交类播音主持表现出眼神中的坚定、面部表情微微提起的笑肌、对中国充满自豪感的热情以及对新闻消息认可时点头等一系列真诚感情的外部流露；抨击社会问题时，对新闻客体表现出的斥责，紧紧握拳的动作，眼神中表现的死盯到底、望眼欲穿想要看透本质的坚毅冰冷的眼神等主观情感的宣泄，都从一定程度上表现出了主持人真诚、真挚的感情，体现出是一个富有灵魂的人，具化了主持人的美感度。播音语言对真、善、美的追求，赋予了电视新闻节目跳脱的生命力，对新闻内容锲而不舍的执着追求，寻找新闻真相的"真"；对新闻人物保持人性的初心，和谐社会的"善"；对话语表时的立意"美"，将思想和情感共同融入节目中，并让观众从中有精神上的依托和真实的审美体验。

⑤在播音语言的生动性。这是播音语言表达的主要特点，是实现播音主持传播、提高质量的关键要素。生动形象是有活力、有趣味，能给人带来积极的作用。

143

例如，电视新闻节目根据不同类型报道体裁或者不同类型的新闻素材产生不同的节目形式，为此播音也应该有不同的语言面貌，具体体现为：对于新闻评论节目而言，要求播音语言语用的生动形象，富有感染力。对新闻的评述有理有据，娓娓道来，注重和观众的交流感。用简单的词汇表达深刻的含义，通过短句、断句的处理和肯定、疑问等语气，有层次、递进式的进行表达。在播音语言细节的处理上加深观众印象，让观众有一种亲临现场的既视感；对于社会热点新闻、民生新闻的节目报道，平易近人的播音语言显得尤为重要。主持人适当运用规范的口语化表达，多传达自己的切身体会，以观众的视角去解读新闻事件，站在老百姓的角度去呼吁社会或者相关部门给予重视，用"咱们哈、通常呀、您觉得呢"等相关词汇让观众有共鸣感，注意共情性的适度流露。电视新闻节目主持人作为单向的传播，虽然缺少了和观众面对面的互动讨论，但是可以通过播音语言表现力的生动形象、真实贴切传递给受众温暖，这种温暖和真诚缩短了主持人与受众之间的距离，增强了节目的收视效果。不论是什么类型的电视新闻节目，不论是何种风格的新闻节目主持人，都离不开播音语言表达的基本条件，这是节目产生生动画面和感染力的重要依托。电视新闻节目实际就是用播音语言来绘画新闻事件，用画面来组合声音，话语表达应该像画一样展现在观众面前，使观众实现听觉和视觉的统一享受，提高新闻节目的鉴赏度。所以，播音主持应该不断提高自己的话语表达能力，培养自身的职业技能，丰富文化底蕴，适应社会需求，在自我拔高的道路上勤勤恳恳、孜孜不倦。

第二节　播音主持的艺术风格

一、播音主持风格的概念及特征

不同的事物有不同的特点，不同的人也有不同的行为表现。风格用来描述客观事物的总体风貌和特点，是便于形成概念、区分类别、界定时代特征和地域文化的重要手段。随着适用语境的泛化，"风格"一词在多个领域艺术作品中的使用都较为广泛，如语言风格、审美风格、艺术表现风格等。

风格最初用来形容作家独特的文字艺术魅力，即语言风格，指利用语言学的观念与方法，从语境、语体、修辞和语法等方面分析语言行为或文学作品，包括

第七章 播音主持的艺术风格

研究语言的格调气氛、综合特点、表达手段和突出特点。审美风格则是从美学角度出发，在审美的过程中，让欣赏者在感知和欣赏其风格时，受到感染并产生一种思想冲动，更多的是对美的一种认知和感受。而创作主体创造风格时，会自觉或不自觉依据欣赏者的审美和认知不断调整着风格的创造。艺术表现风格，是从艺术学角度把风格理解成各种特点的综合表现，并由于不同的艺术学科或表现对象而具有不同的内涵及本质属性。每种艺术形式都有不同的风格特征。虽然风格的具体内容不同，但风格的规律和特性却是相对统一的，都是指某类事物主要的思想内涵和艺术上的综合特点，是许多具有稳定性的特质与具有规定性的元素之总和；并且风格不是一蹴而就的，而是在长期实践中形成的一种稳定的艺术形式。

风格是指作风、风貌、格调，是各种特点的综合表现，表层是语言、声音、节奏、形象构成的一个外在形象；中层则是由内容、题材、话题和思想情感构成的一种风格内核；深层结构则是能反映出符合时代和民族的发展进程，能获得社会和受众接受的一种普遍性意义。换一种说法，一个人的代表作，一个时代的主流思想，一个民族的艺术核心观念，都可以用"风格特点"来进行体现。

那么将风格置于传播学领域来看，传播者是主播，传播内容是节目内容，传播媒介是广播电视等电子媒介，接收者是广播电视受众。主播是联系受众与媒介的桥梁，可以灵活地利用自身的主持特点来表达不同的节目风格，主要表现在主播的行为举止、语言特点、综合节目的特效以及音乐画面等方面，以人格化的传播形式向受众传达节目内容、传递节目信息，主播的形象、气质、语言内涵、个性魅力直接呈现在受众面前。从某种意义上说，主播是传媒自身人格化传播的表现形式，主播作为个体所具有的性格气质、文化修养、专业知识、思想意识、感情情绪以及其他个人因素，会全方位在节目中介入、渗透和显现。主播认识世界的方式、表达方式、对节目的整体驾驭也会集中反映在播音风格的内涵上，播音风格的呈现和传递能突显传播效果、提高传播效率。

因而，播音风格可以理解为主播在一定时期、一定社会环境中，在实际创作过程中利用外在形象、个性语言、思想内涵等多个方面动态呈现出来的主导思想和艺术特点。播音风格呈现出以下几个特点。

①独特性。风格的核心是创作者所具备的创作个性，个性可以反映出创作者整体精神面貌。想要得到受众的关注和认可，就要形成自己的风格，并且创作个性一旦形成，便具有鲜明的独特性、相对的稳定性，形成与其他作品的差异性。如中央电视台一些被全国观众青睐的主播如康辉、朱广权等都具有独特的播音风格。

②多样性。同一条新闻由不同的主播播报，呈现出的效果也是不尽相同的。同理，同一位主播在不同节目中也会体现出不同的播音风格。当然，不同类型的节目其播音风格也各有千秋。对于主播队伍来说，随着主播群体数量的增长和个性化发展趋势，播音风格应该是多样的。对于主播个人来说，播音风格的多侧面发展是有利于其本身发展的。

③艺术性。风格可看作是创作者在艺术上获得成就的标志，而非任意作品都有，是需要达到一定的艺术标准才能称之为风格。同理，播音风格也是一种艺术成就和美学品质，不是每个主播都会拥有自己的风格。播音风格也不是一蹴而就的，而是需要经过播音主持实践中的积累磨炼，并且符合艺术构成的规律才可以达到的一种艺术追求。

④交互性。播音风格也具有互动性和交际性，能够产生影响受众的收看行为和思想观念的效果。因此播音风格在整个传播过程中产生和实现，需要考虑受众的认知和接受，增强互动性和参与感，有效传递人情味和亲切感，易于被受众接受，能缩短传受双方的心理距离，从而优化传播效果。

⑤稳定性。播音风格一旦形成之后，不会轻易改变，会有一个相对稳定的状态。稳定性这一特点对于短期内被观众熟知并认可有一定帮助，但同时观众又在期待主播创造出富含新鲜感的播报风格。也就是说稳定性并不代表主播要因循守旧，而是随着社会时代的变化、媒体传播环境的变化来适应、调整和创新其独有的风格。

二、播音主持的不同艺术风格

（一）时代风格

时代风格往往是一定时代的社会精神的反映。播音主持艺术带有明显的时代特征和社会语境，服从不同时期的宣传要求，发挥出时代需要的社会功能。社会语境一方面指社会制度、政治信仰、社会主流价值观、道德准则、行为规范构成的语言环境；另一方面也指在社会现象下的态度、舆论氛围和环境，它代表一种社会倾向，影响特定人群对某些语言及行为的理解和判断。播音主持既需要表达自己的思想、情感和观念，同样需要以社会的主流认识和态度为规约。

中国人民广播诞生在极其艰苦的抗日战争年代，激烈的阶级对抗、严酷的战争环境、壁垒分明的受众群体，都注定我们的播音风格为爱憎分明、泼辣犀利、

第七章　播音主持的艺术风格

同仇敌忾。从抗日战争到解放战争，在战争年代和历史氛围中，播音员作为党的宣传员都有着强烈的历史使命感和克敌制胜的责任感。他们的每一次播音都是庄重的，都是一次战斗，都是在承担重大的政治任务。

在新中国成立后的和平建设时期，播音主持的艺术风格有了很大的变化，播音艺术家的播音普遍都体现出一种豪迈庄重、热情奔放、刚柔相济、朴实清新的时代风格，既振奋人心，又鼓舞斗志。这个时期的社会变革、政治斗争、社会风尚和艺术思潮等必然要对创作者产生影响，从而使他的创作个性也烙下了深深的时代印记。一方面，他们的创作活动总要反映一定时代、一定社会的生活内容；另一方面，这种具有时代和社会特点的内容，又必然要求相适应的表现形式。

改革开放时期，播音开始逐步恢复常态，不仅经济体制改革、发展生产力成为首要的任务，而且人们的社会观念也在发生急剧的变化，解放了广播电视工作者的思想，调动了他们的积极性，激发了大家提高广播电视节目的创造力，主持人风格的多样化则是播音主持艺术风格趋向成熟的标志。

改革开放后，广播电视的社会功能有了很大的变化，播音语言变得更加亲切、自然，增加了交流感和认同感。只有那种十分个性化、亲切、朴实的语言形式才能满足这个时代的交流需求。

因此，各个历史时期大都具有一定的主导风格，而同一时期的艺术家在艺术风格上又表现出某种程度的同一性，这就是所谓的时代风格。

（二）民族风格

播音主持艺术的民族风格主要是从语言的民族风格中体现出来的。语言民族风格是民族语言体系本身特点的集中表现。民族风格是民族精神和民族文化的结晶。汉语言是世界上最丰富、最发达的民族语言之一，和其他民族语言相比，它有自己独特的风格和鲜明的民族韵味：音乐性和简洁性，富有艺术表现力。播音主持艺术的民族风格就是通过语言的民族特色来表现的。

一个民族的文化语境是由本民族固有的生活方式、思维模式、审美倾向等共同构成的语言交际环境。播音主持不仅要深刻地了解本民族的文化与传统，而且需要对古今中外的各种文化有所涉猎，使播音主持艺术风格更加立体和饱满。

（三）地域风格

民族文化的多样化也表现在地域文化孕育的民情风俗、气质格调不同的地域文化语境中。地域语境特指人们共有的生活环境、审美情趣、行为习惯和心理承受能力等因素。播音主持要在不同的地域充分地尊重当地的风俗习惯与人文风情，根据不同地域及时调整播音主持的语言和行为，做到入乡随俗。

地域文化呈现我们民族文化的多样性，俗话说："十里不同风，百里不同俗，千里不同情"，就是指当地的民情风俗形成的地域文化现象。事实上，艺术风格中的很多成分来自地域文化的滋养。播音主持应该更多地从自己的地域文化资源中汲取营养，努力形成那种不可替代的文化特色。也只有这样，播音主持艺术才会呈现百花盛开的局面。随着社会的日益开放和文化的繁荣发展，播音主持的地域文化色彩也会显现出异彩纷呈的地域风格。

（四）个性风格

播音主持最直接的呈现方式就是话语的表达，个性风格是播音创作中最重要的元素。通过播音主持个人风格的创新发展，能够极大程度的展现播音主持的个人魅力，同时增强播音主持个人的辨识度。播音主持个性化的体现是经过长期探索和发展而逐渐稳定形成的一种鲜明的风格特征，播音主持的语言表达依托于个性化创作，承载于话语剖析中，因此播音主持个人风格的表达应该具化在话语分析和话语的研究范畴。播音主持的个人风格语言表达不仅能够给节目创造亮点，同时对提升个人专业能力和个人价值起到了积极的推动作用。

"个性"一词来源于拉丁语，指的是演员戴的面具，后来引申为一个人独特的性格。个性不是与生俱来的，它是在一定社会环境下通过长期的社会实践逐渐形成和发展起来的。语言的个性是一个人思想、品性、修养和能力的综合反应，是个人在语言表达习惯中独特的组织方式和表达方式。播音主持的"个性化"指的是播音主持把专业技能、思想意识、感情体验都渗透在播音主持活动中。富有个性的主持人不仅在语言的组织方式上表现灵活，同时语言表达上也具有层次感。他们在播音主持活动中的话语有的是临场发挥，有的是经过润色以后加以改编，不论是哪种情况都足以令人感受到主持人独特的思辨能力。播音主持的"个性化"体现的是形象、话语、声音条件等多种元素的综合，具有多元化形象的主持人往往为了符合节目的播出需求，要对自身形象进行调整，从而形成节目中固定的形象，这个形象是应受众需要产生，是节目工作人员共同设计构建的。不论是单一主持人还是合作型主持人，在节目策划、制作时，都应该找准主持人的形象定位。换句话来说，"个性化的形象"是主持人呈现在节目中的综合形象。

第七章 播音主持的艺术风格

　　播音主持的个性艺术风格与本人的内在修养有直接的联系，它是思维与智慧的外化和延伸。由于生活阅历、文化底蕴、内在气质的不同，形成了自己的思维见地。由于对事物本质的感知、认识的不同，形成了自身的话语体系。例如，主持人在采访新闻人物的时候，采访的技巧、提出问题的洞察力和对新闻事件做详细评述的能力都是知识的展现过程，它的存在支撑着主持人在镜头前神情自若地播讲，对新闻事件做深刻的分析。播音主持的文化素养决定了播音主持活动的水准，对播音主持自身事业的发展有不可估量的影响。不管是出于自己的所想所感，还是编导所想，都需要播音主持自身在脑海中有一个思维导图，把自己要表达的话进行有序的排列加工，然后再传递。播音主持人一定要做到心里有底，明白自己要说什么，该说什么和不能说什么。有意识地培养自己的思维逻辑习惯，让头脑保持清晰的条理，便于出口成章的语言表达。

　　播音主持个性化的声音由普通话所具有的音乐律表现出来。因为在发声中，元音音节占主导，大多数的辅音不发声；加上阴阳上去四个音调中调值的高发声区较多，配合词语轻重格式的要求，所以声音有了高低起伏的变化，使得节奏感明确、声音悦耳、响亮动听。主持人根据自身的声音条件，发音字正腔圆、归音到位，正确处理情、声、气的关系，丰富个性化的语音韵律。声音的迟缓轻重、语气语调的抑扬顿挫、语流节奏感的高低起伏，都伴随着不同的语境和文本内容呈现不同的状态。只有鲜明的、富有魅力的主持人才能够激起受众的关注欲望，与受众之间产生情感的共鸣，才能够让受众有意识地发现播音主持别具一格的个性化风格。

三、新媒体时代播音主持的后现代风格

　　后现代风格最早出现的领域是建筑行业，指现代后期各艺术流派建筑家的作品表现出多元化风格的特征。20世纪60年代的西方社会逐渐迈入了后工业化时代，人们厌倦了战争带来的紧张、严肃和单一的设计风格，在战后更渴望个性化和多样性的艺术创作。再加上战后科技和经济、文化的快速发展打开了商品市场，因此消费者在设计审美上提出了更高的要求，同时也让社会大众对主流文化产生了叛逆与质疑的心理。这为艺术风格走向多类型、多元化提供了路径。

　　法国哲学家德里达（Derrida）、美国学者杰姆逊（Jameson）等人对后现代思潮进行了深入研究。但对现代和后现代特征相比较得出大量有价值结论的，当数法国思想家利奥塔（Lyotard）和美国文学评论家伊哈布·哈桑（Ihab

Hassan），二者将后现代特征与现代特征进行了诸多描述、比较和总结。同时西方戏剧界涌现出一批优秀的后现代戏剧大师，他们各自持有鲜明的艺术理念，又将反传统的戏剧观、价值观作为创作目标，形成了百花齐放的后现代戏剧文化格局。

后现代主义主张多样化和多元化。在 20 世纪 80 至 90 年代的中国，后现代主义也开始与大众传媒等多媒体联系起来，逐渐影响到大众流行艺术的风格。如个人风格十分突出的华语电影导演王家卫，他的作品擅长对边缘人物细腻刻画和重复叙写，呈现出支离破碎的非线性叙事风格，体现出无主体、无权威、无历史感的风格，可以说是用作品给观影者建构了一个全新的视角和框架，也成就了后现代电影艺术的美学。"后现代主义电影"呈现出当时的时代特征和反思意识，人们不再相信宏大叙事的追求与真理，通过梳理和拆解体现出一种实验性质与超前的态度。

经济全球化进程带来的资本主义经济运作和高科技发展让当今世界处于现代与后现代文化的交叉时期。世界格局呈现出不同文化领域多元甚至割裂的复杂境地，因此人们对身份与价值观的诉求与认同也给学术上带来了新的思考与挑战。在如此杂糅的环境中可以确定的是，经济全球化浪潮将后现代语境强加给了中国。中国在 20 世纪 90 年代经济、文化水平持续增长，民族振兴，国家话语权力及地位不断提升。中国在现代化进程中受到了西方后现代思想的影响，我国依旧坚定自身的文化发展立场，形成了开放多元的文化发展格局。在学习西方理性主义思潮的同时，借鉴并吸收后现代主义的一些具有激进主义色彩的观点，如此才能构建更加丰富多元的形象。

我们可以通过与现代风格特征的客观比较来分析后现代风格的特征。如前文提到的利奥塔和伊哈布·哈桑，对后现代多个层面进行了总结。比如哈桑对现代主义和后现代主义进行了区分，认为现代主义的特征主要是中心、在场等，而后现代主义则表现在解构、反讽、不确定性。这些看似抽象，实际上可以从现代性和反现代性两部分特征描述。利奥塔提出的历时态标准意味着历史总是向后延伸，而相对应的共时态标准可以理解为一种精神价值，比如对现状的不满，对旧范式的质疑和突破以及去中心和消解等特征。哈桑对于后现代主义秉持了积极的立场，他认为我们既要看到后现代主义颠覆和破坏的一面，也要重视后现代思潮中理论重建的潜力。这一潜力就表现在后现代风格注重人的个性化与文化的融合，着重对语言的反思。传统观点认为人们通过语言来认识并表达世界，但是后现代主义

第七章　播音主持的艺术风格

认为语言充满主观性和偶然性，通过不断地变化来重塑对世界的看法，由此可见后现代思潮对语言文化领域有深刻的影响。王岳川指出，后现代主义所产生的文化错位和价值逆转导致多种话语碎片结合在一起形成一种看似包揽一切但又一无所有的话语编织物。后现代语境中话语碎片形成的编织物不全是没有内涵和深度的表面语言，话语能指和所指的割裂必然会产生全新的话语符号，同时也会出现更具针对性和指向性的符号意义。

综上所述，后现代风格的特征实际上是后现代主义的一种外在表现。作为一种独特的文化风格，以折中的、无中心的、游戏性的、反思性的特征来体现时代中的细微变化，同时也具备对中心化的消解、对口语的重视、审美大众化的美学风格。

新媒体时代，语态变革已经成为其数字化转型的表征之一。目前媒体已经意识到语态在新媒体传播中的重要性。新媒体节目类型和创意的突破，让用户对新媒体播音主持的角色、身份以及认知有了巨大的改变，这种改变在新媒体播音主持风格上有着具体的体现。在这种创新和转型的背景下，必然会对新媒体播音主持风格进行思考和重构。

风格在语言学中是指语言风格，也就是语言中存在的风格现象，是在语言实践中语音、语法、词汇、修辞基础上形成的许多特点综合的结果。北京大学中文系现代汉语教研室在《现代汉语》中提到："语言风格是不同的民族、不同的时代、不同的流派以及个人在运用语言时所表现出来的各种特点的总和。"风格可以是抽象的，也可以是具体的。在艺术创作过程中，可以通过典型的作品文本特征反映出其突出的艺术风格，没有一成不变的文本，文本即行动。艺术文本存在于每次"行动"所产生的新的意义之中。新媒体播音主持风格的后现代色彩正是在播音主持文本特征和意义的不断更新中所体现，我们可以将这一风格理解为播音主持将思维方式上的转换以及在认知内容上的突破又反哺于语言表达。播音主持在语言表达的过程中不仅以发现的方式生产内容，更以个体自我建构的方式生产，将理解的多元性和思想的开放性传播给受众，给受众提供阶段性甚至持续性的思考。

主持风格的呈现主体是主持人，这也符合主持风格是人格化传播的理念。信息来源与传播方式的多样化增强了受众使用媒介、生产内容的主观能动性，受众希望获取更多的话语权。同时，新媒体的"主持传播"通过各大自媒体平台的分流方式吸引越来越多的用户参与其中，网络化主持渐成主流，这也让新媒体播音主持的人格化日益突显，语言风格趋向于网络个性化。新媒体播音主持在语言表达内容上更聚焦于个体诉求与社会价值的结合,在节目中更注重自我表达,如自我情绪的真实流露以及自我认知的个性化表述等。另外,新媒体播音主持也在不断改变话语形态和审美价值,在艺术风格上的全新表述也越来越趋向于内心的精神世界和独特性,这既是主持人自我意识的进一步觉醒,也是通过具有后现代特征的语言表达传达更前卫和独特的认知,体现出后现代艺术风格多元化的创造性和颠覆性。

综上所述,新媒体播音主持风格是活跃在新媒体平台上的播音主持更加注重自由和自我的一种表述形态。这种风格将艺术融进日常生活之中,贴近大众审美的同时打破了虚拟和现实的边界,让受众在传统媒体上很难获得的参与感和成就感通过新媒体平台去获取。新媒体播音主持在动态且复杂多变的时代环境中寻求变化并突显出表达和思维上的不确定性和开放性,文本体现出多元化的后现代特征。同时新媒体播音主持注重语言传播的地位和影响力,试图改变话语范式、转变审美价值观,呈现撕裂传统语言逻辑的全新表述。

第八章　播音主持人的形象塑造

本章分为播音主持人的形象概说、播音主持人的能力要求、塑造播音主持人形象的意义、播音主持人的形象塑造方法四个部分。

第一节　播音主持人的形象概说

一、播音主持人形象的概念

"形象"在我国古代汉语中是一个合成词，是"形"与"象"的合并，最早在《孙子兵法·虚实》中就有记载："兵无常势，水无常形"；《荀子·天论》中说："形具而神生"，古人所说的"形"可以理解为形体、形状、容貌等。"象"在我国古籍中最早出自《易经》："八卦成列，象在其中"，这里的"象"是指典型的事情。此外，古籍中的"象"还有象征、物象、肖像、相貌等释义。发展至现代汉语，"形象"一词的释义通常来说包括三种：一是指人、物的相貌形状；二是指作用于人的印象、观念、思想情感的物质；三是具体与抽象、物质与精神的统一。如果不上升至理论层面，日常生活中的"形象"常常用来指人、群体或组织的外形外貌。比如，夸赞一个人形象不错，更多是指此人的外形外貌较好，此时的形象更为直观和具体。

（一）主持人形象的定义

关于主持人形象的定义，我国最早出版的关于主持人形象的研究专著《主持人形象塑造艺术》中认为："主持人形象是由主持人内在特点所决定的主持人表现与风格在公众心目中的印象与反映。"也就是说，主持人形象是指由主持人内在特点所决定的外在表现，通过媒介传播反映给受众，从而形成对主持人的整体印象与评价。

主持人是形象研究的主体，也是研究前提。从大的方面说，主持人的范畴较为广泛，生活中进行主持人传播活动的人或者是以主持为职业的人都可以说是主持人。对于这一概念，北京大学新闻与传播学院教授俞虹认为："节目主持人是在广播电视中，以个体行为出现，代表着群体观念，用有声语言、形态来操作和把握节目进程，直接、平等地进行大众传播活动的人。"

对于主持人形象的认识，目前学界普遍认同的观点是分为内在形象与外在形象。在播音主持理论的研究中，形象一词也常被提及，但普遍使用的是主持人形象的通俗释义，较少将其置于系统的形象理论研究中，甚至在一些文章中混淆了主持人品牌与主持人形象的概念。本书认为，"品牌"源于经济学术语，虽然"品牌形象"能够概括出形象的价值，但"品牌"一词具有市场属性，"品牌形象"侧重的是市场价值或经济效益；而如果用"主持人形象"来表述，则不仅强调经济价值，更强调深层次上的社会意义。

系统的主持人形象研究有"形象塑造""形象传播"两个主要分支。比如，偏向于妆容、服饰等主持人外部形象造型方面的研究；有内外形象兼顾、较为综合的主持人形象研究；有将主持人形象置于传播理论中的研究；还有将主持人形象置于某一类节目中的专门性的研究，如文化类节目主持人形象。但概括来说，主持人形象的相关研究离不开节目、媒介、主持人自身、受众四个方面的要素。

（二）播音主持人形象的内涵

1. 播音主持人的内在形象与外在形象

从人的认识过程来看，首先感知到的必然是播音主持人的外在形象。外貌、妆容、发型、服饰、副语言等观众一目了然的便是播音主持人的外在形象，是播音主持人形象展示过程中非常重要的方面。播音主持人的外在形象中，有些是与生俱来的，如声音条件、外貌等条件；有些则是人为的，可以通过形象塑造来获得。虽然好的外貌和声音条件是播音主持人的天然优势，但也并不是播音主持人形象的决定性因素，因为良好的播音主持人形象不仅需要通过得体的着装、大方的妆容、自然的副语言等进行塑造，还需要更深层次的、能够给予受众涵养、让人由衷欣赏并产生深刻意义的内在形象。

内在形象包括播音主持人的文化修养、思维能力、专业能力、心理素质、情感、理念、价值观等能够反映内在品格与气质的方方面面。内在形象中的一些构成因

第八章 播音主持人的形象塑造

素是较为抽象的评价体系，难以用量化的、直观的标准加以衡量，它是一种更深层次的形象因素。虽然难以被量化，但是也可以通过分析播音主持人的内在特征，结合媒介、受众等外部评价，由此寻找一些规律，而且在内在形象中，如知识、气质、表达、素养等因素是通过后天养成的，会随主持人阅历的增加或是外部环境改变而变化，所以这些变量也为播音主持人形象建构的研究提供了广阔的空间。

2. 播音主持人的媒介形象

主持人的形象首先是一种职业形象，职业形象一旦面向社会，就成了社会形象；而社会形象通过传播媒介展现出来，就成了媒介形象。也就是说，播音主持人的形象通过媒介得以反映，媒介不仅是播音主持人形象的载体，也是形象的最终呈现样态。特别是在当前全媒体环境下，播音主持人形象可以通过不同的渠道，以多元的方式展现出来，在不同的媒介中会产生新的变化，从而影响形象的形成。因此，研究媒介方式变化对播音主持人的形象建构有着重要意义。

3. 受众对播音主持人的认知

播音主持人形象与受众印象密不可分，公众对于形象形成是十分重要的。形象的评价源自一种抽象化的观念，是从观众认知当中的产生的，当然这种观念并不是一成不变的，受众会根据第一印象进行判断，而后会随着对播音主持人内在形象的进一步了解，不断进行完善印象。

受众对播音主持人形象的评价具有两重性。一方面，由于受众的个人喜好、情感、经历、性格不同，会产生有所差别的评价。另一方面，播音主持人形象是受众对播音主持人的客观评价，并且人的认知是可以正确反映客观事物的。而播音主持人在接受受众评价时要采纳中肯的建议，对于主观情感偏向性强的评价要理性和客观地看待。

播音主持人形象是由主持人自身、媒介、节目、受众几方面合力构成，是建立在主持人自身形象基础上的受众反映，是以节目为表现形式，最终通过媒介得以呈现的形象，在探索播音主持人形象如何建构时，必须将上述几个要素纳入研究范围。

二、播音主持人形象的特征

播音主持人的形象特点多样，但具体到不同的电视节目中，播音主持人形象特征可以更加细化。在日常收看电视新闻节目的过程中，观众总能发现这样一种现象：在下班后的一段时间内，总有几档新闻节目的收视率居高不下。深入分析其高收视率的原因，我们不难发现有两方面的因素：一方面是因为节目的制作能够满足受众的需求，另一方面是因为节目的播音主持人广受关注，也正是这样的关注提升了媒介形象。可以这样说，播音主持人形象的特征能够帮助节目提高知名度、提升收视率，取得竞争优势。

（一）媒介品牌打造，聚焦年轻用户

当前，电视这一传统媒体本身在社会受众中的作用越来越小。尤其是对于年轻受众来说，通过看固定节目来了解资讯的时间少、意愿小，更多是通过自我选择来获取信息。新媒体时代，传统的电视新闻节目影响力持续下降，而播音主持人想要将自己的媒介形象呈现给更多的受众，就要善于运用多种传播媒介，收获更多类型的受众群体。播音主持人在报道新闻的过程中，将所观、所感通过互联网的"语言"表述出来，这在无形中将播音主持人与年轻受众的距离尽可能地消除了，实现了年轻受众喜欢看的效果。例如，2021年9月起《主播说联播》全新改版，贴合新媒介——短视频对每期节目时长进行控制，以迎合年轻受众为目标对节目的播报方式、内容选题的设计以及创意策划等方面进行调整。巧用媒介以更快的速度、更真实的内容、更精准的语言、更深层的分析来解读新闻事件，是当前受众对于文化传媒高质量发展的必然要求。尤其值得注意的是，在互联网时代会缩短播音主持人与年轻受众之间的距离，以满足年轻受众对于荧幕上的播音主持人视听感官期待与情感、精神层面的共鸣，要充分利用媒介传播力和影响力，精准把握年轻受众注意力、触动年轻受众关注点是关键。

（二）标签化风格塑造，吸引优质受众

播音主持人的个性是播音主持人性格特点、语言特色、主持风格、控场能力、互动气氛等的一个综合体现，对于播音主持人来说其本身的特殊经历、行为习惯、教育程度及家庭影响等多种因素形成了有别于其他人的个人特点，这些特点本身反映在主持工作中就会形成其独特的个性特点，这种个性具有很强的稳定性，很难在短时间内改变，其本身是播音主持人有别于其他播音主持人的鲜明特点的体现。比如，《新闻1+1》节目播音主持人董倩单刀直入、干脆利索的主持风格可以在很大程度上节省工作时间、提高工作效率。而节目中的白岩松依托时政类节目打造极富睿智的媒介形象，语言华丽，思想深邃，活泼中不失深邃，朴实中充满真诚，有很强的社会责任感。事实证明，好的播音主持人与好的节目是相互成就、相互打造的，优质内容为播音主持人话语场助阵，风格独树一帜的播音主持人也可以成为节目的标签，二者密不可分。比如，央视播音主持人给人的感觉都是比较严肃的，自从出现很多年轻面孔以后，风格更加活泼，王冰冰凭借实力成功出圈，成为大家喜欢的女神。王冰冰的走红看似是因为她出众的颜值，但是她最大的底气其实是过硬的业务能力，可谓是一个集美貌与才华于一身的女子。这样的媒介形象形成后会在受众群体中产生一定范围的反响，而传播主体和反响也使其媒介形象成了热点。

（三）正能量舆论引领，把握正确导向

播音主持人因其长期对某一档节目的个性化播报，使受众在无形中将节目本身与播音主持人紧密地联系在一起，当想到某一位播音主持人时，往往就联想到某一档特定的节目；同时，在看到某一档节目的时候，也会联想到特定的某一位播音主持人，进而使播音主持人本身成为节目所传递、表达或评论意见的舆论领袖。这种舆论领袖本身是有使命或责任的，正如国家对新闻出版单位所要求的那样，作为新闻工作者要深刻认识到舆论引导的重要性，而这种舆论引导本身需要播音主持人过硬的政治素养、娴熟的业务技能、深厚的人民情怀，只有这样才能真正使一档新闻节目产生传播引导力、舆论引领力、思想感染力的效果。所以说，播音主持人作为新闻工作者，必须引导舆论，奏响时代旋律，对受众产生号召力。

第二节　播音主持人的能力要求

一、对播音主持人语言表达能力的要求

（一）具有规范性

规范性是对播音主持人语言的基本要求。播音主持人语言规范性主要体现在语音、词汇及语法三个方面。首先，作为播音主持人，发音要标准，要能够准确熟练地运用普通话。其次，词汇的选用要谨慎，避免使用具有歧义的字词，应用最简洁的语言完整地播报所有信息。最后，要具有清晰的思维、良好的语感及严密的逻辑，要结合节目内容运用恰当的语句进行描述。

（二）具有艺术性

播音主持是一门独特的艺术，其艺术性主要体现在以下方面：一是播报时的

语气。播音主持人采用不同的语气进行播报时，所获得的效果全然不同：急促的语气容易让受众紧张，舒缓的语气则可以帮助受众平复心绪。可以说，语气运用不仅会影响节目效果，还会影响主持人在受众心目中的形象。二是播报时所采用的处理方式。优秀的播音主持人在节目当中会灵活地采用不同技巧处理信息，如模仿当事人的声调、模仿某种特殊的声效等，使节目变得更为生动，从而增强节目的艺术性。

（三）具有严肃性

播音主持的严肃性主要体现在以下方面：其一，要始终保持庄重的态度，所用言辞要具有令人信服的力量。其二，说话时要尽量保持稳重，不可多言、失言，要尽量让受众感到愉悦。其三，要把握好尺度，尤其是在播报重大信息时，少用"大约""好像""似乎"等模棱两可的词语。其四，要努力传达积极向上的信息。部分社会事件有一定的负面影响，有可能影响受众的心理状态，因而播音主持人要尽可能引导受众从客观的角度去评价和分析事件，帮助受众正确地认识事件本身，不偏听偏信，充分展示电视节目的严肃性。

二、对播音主持人思维能力的要求

（一）网络思维要求

人们的思维方式经常是以特定时代的实践方式、生活方式和时代因素为导向并受某一特定时代科技发展水平的影响，具备较强的时代性。播音主持人作为节目进程的助推器，其思维既要与时代发展保持趋同的步调，又要在观众语言愈加丰富、语义更加复杂和语境难以预测的情况下跳脱出来，进行思维的牵引，增强彼此的黏性。

（二）创新思维要求

培养创新思维有助于播音主持人创新节目形式，形成自己的独特风格。语言功底深厚的前提是思维能力的提升，想要提高播音主持人的创新思维能力，就必须提高其文化底蕴和丰富播音主持人阅历，使其拥有个性化的思考方式并将其融入节目中，日积月累形成个性化的播音主持风格。

（三）用户思维要求

对于今天的媒体，拥有用户才能拥有基于用户数据分析的影响力和商业模式。在新媒体平台中网民热衷于分享，更多强调参与感、成就感，而非单向地接收信息，所以我们可以得出结论：在内容导向安全的基础上，新媒体不同于传统媒体的核心思维就是用户思维。以受众为中心意味着播音主持人在传播过程中和话题设置上都要围绕用户需求，重塑内容逻辑。从播音主持人视角看，"用户至上"的理念要体现在播音主持人的语言中，要将用户思维放在核心部分，其观点、冲突要满足受众的欲望、好奇心或者是形成感官上的冲击，引发用户的共鸣，满足用户的心灵诉求。

三、对播音主持人心理素质能力的要求

一般来说，人们习惯于把人的心理素质进一步划分为三个部分：心理动能素质、心理智力素质和心理复合素质，它们分别决定着人的情绪、认知、决策和行为能力等。但是新媒体技术的发展使得传统媒体生态被颠覆，播音主持工作具有更强的灵活性、随机性，也给播音主持人带来极大的挑战。分析播音主持人的心理素质就要从节目背景入手对播音主持人工作的特性和共性进行分析，播音主持人的意志品质、果敢镇定、自信心和自控力是关键因素。

（一）意志坚定，抗压性强

播音主持人的工作是一项压力很大的工作，不仅有来自工作强度的压力，还有来自摄像的压力以及对自己的外在评价和个人晋升的压力。因此不管从什么角度来说，播音主持人需要承受的压力都是巨大的。如此大的考验和挑战对播音主持人最直观的要求就是要有强大的心理素质，他们不仅要承受录制的疲惫、身体的不适，也要学会消解观众和领导对于自己的审视、评判和监督。

（二）果敢镇定，临危不乱

果敢镇定、临危不乱是优秀播音主持人不可缺少的一种特殊能力，考验播音主持人心理素质能力的主要内容就是临危不乱。在节目中不难发现，播音主持人在紧张时会出现语言表达与语境不平衡的问题，是机体不能适应环境的"情绪应激"行为，通俗来说就是"怯场"。具体来说，在录制节目出现意想不到的情况时，部分心理素质不好的播音主持人就会出现思维中断、言辞不畅、动作不协调等状况，但是有丰富经验、心理素质强的播音主持人就会让自己快速地冷静下来，不慌乱地继续思考和主持节目，让态势稳定下来。

（三）增强自信，从容不迫

其实每一个播音主持人在录制节目的过程中都在进行一种角色化的表演。作为一个公众人物，播音主持人在节目中的角色不仅是"本我"之上的"自我"，而且应该更接近"超我"，但这种理想的角色应该契合播音主持人的个人风格和节目的定位。其实播音主持人会根据自己的情绪和心理状态不自觉地表现出一些行为和状态。一些专业素质低、知识储备少或主持经验少的播音主持人，一旦录制中出现突发情况，就会出现思维混乱、声带紧绷、声音抖、语速快等现象，这就导致了不自信的情况。所以说保持自信、从容不迫是播音主持人的必备心理素质，尤其是在信息更新快、互动性强的网络环境下。但自信并不是播音主持人与生俱来的能力，只有在专业领域得到肯定才会逐渐树立自信。因此，想成为自信的播音主持人就要做好充分的准备，提前阅读大量与节目相关的资料，了解最近的网络知识，大量阅读书籍以提高文化修养，做到对节目胸有成竹，在节目中不仅要说话，还要让自己说的话有水平。

（四）掌握情绪，控制现场

播音主持人能否有效地掌控自己的情绪是对自身心理素质的考验。掌握情绪、控制节目现场应该从两个角度入手。第一是控制自己的情绪，播音主持人要认识自己的身份。第二是控制嘉宾和观众的情绪，从而控制现场。节目嘉宾文化素养不同、人生阅历和教育背景也都参差不齐，对一些话题产生激烈讨论在所难免。在这种情况下，播音主持人不能被现场嘉宾和观众的情绪所左右，需要用睿智的观点引导嘉宾，播音主持人要对网络中的海量信息做出理智、客观、谨慎的判断。

第三节 塑造播音主持人形象的意义

播音主持人的外在形象能否符合观众的审美需求，是播音主持人能否和受众实现良好沟通的必要条件，也决定了节目的优劣。如何得到观众的满意，关键在于找到并确定播音主持人和观众之间的期望值和标准关系，只有了解了从传输到接受再到反馈这一过程，才能对观众的审美需求有深入了解。因此，塑造播音主持人形象的主要意义在于以下三个方面。

第八章　播音主持人的形象塑造

一、突显广播电视作为大众传播媒介的特殊性

广播电视是大众传播中应用最广泛的媒介之一，从诞生那一天到如今，渐渐已经成了广大民众生活当中的一部分，观众们已经习惯通过电视机去知晓国内外的新闻，去了解党的方针政策，去学习人文、地理等知识。但随着社会的不断进步、改革开放的不断深入，广播电视功能不再是开始单一的引导舆论导向。观众对电视节目的需求和审美，也随着电视节目的不断丰富而逐渐提高。广大受众也渐渐从以往关注电视节目内容，到现今因为关注节目主持人而关注这档节目，这种观念的转变就造成了电视节目的一个变革——电视节目的主持人主导化。电视节目主持人日渐成为一个节目的代表性标志，成为整个电视台的代言人，成为广大受众评价一个电视台优劣的标准。所以，塑造一个成功的播音主持人的银幕形象，不仅关乎主持人个人的成败，更关乎一个节目是否能够被大众所接受，关乎一个电视台能否在市场化的大潮中存活下去。有声语言艺术，作为播音主持人工作的基本工具，是一个主持人是否具有合格的职业素质的评判标准，而先于语言传递给观众的，是主持人在镜头前的形象，其在镜头里的一举一动、一颦一笑都被摄像机无限地放大，被大众所关注。打哈欠、打嗝、流鼻涕这些在生活中无伤大雅的小动作如果出现在播音主持人身上，就会很快成为大众茶余饭后的谈资，这在一定程度上会影响主持人在观众心中的形象，也影响了节目在受众心中的威信。所以，播音主持人必须树立一个良好的银幕形象。

二、突显播音主持人形象与节目形象的相关性

一个成功的节目不仅可以带来收视率、广告收益，还可以在社会中引起反响，甚至影响一个时期的审美标准，影响一个时期大众普遍的价值观念。这样一个普通的节目就变成了社会文化生产力的推进器和催化剂，这些有一定影响力的金牌节目对社会主义精神文明建设起着至关重要的作用。在国内非常有影响力，和央视起名的凤凰卫视中文台有一批金字招牌的电视节目，也有一批十分有影响力的播音主持人。凤凰卫视的台长王纪言曾多次表达，凤凰卫视的成功并不是因为有一两个成功的台长，而是有一大批成功的主持人。在凤凰卫视发展初期，王纪言就十分重视对主持人的培养和包装，在凤凰卫视出现了如吴小莉、陈鲁豫、窦文涛等一大批有特点、有个性的节目主持人，他们的形象深入人心，从而为其电视节目、电视台的推广起到了重要作用。

三、突显播音主持人形象与公众认可度的契合性

在最初的电视节目当中,主持人一般是以新闻播音员、晚会报幕员等身份出现。而播音主持人开始在节目中被观众认知,是在20世纪90年代。在这一时期,随着改革开放的不断深入、精神文明建设的不断开展,电视节目的形式和内容不断丰富起来,播音员、报幕员不再能满足节目的需要和观众的审美诉求,一大批有个性、有特点的节目主持人出现在电视荧屏上。幽默风趣的李咏、机智敏锐的崔永元、睿智犀利的王志,不仅塑造出了《幸运52》《实话实说》《面对面》等一大批深入人心的节目,而且在观众心中打下了深深的烙印。正是因为这些主持人的形象得到了观众的认可,所以节目才会得到公众的认可。因此,播音主持人形象的观众认知和认可十分重要。从收视的角度来讲,播音主持人的形象塑造是否良好决定了能否赢得观众的心,也就决定节目的收视情况。从受众的角度来讲,播音主持人健康、积极、美好的形象能够满足受众心理需求,是一种精神食粮,从而可以提升受众对节目的忠实度和依赖性,达到影视传播的目的。

第四节　播音主持人的形象塑造方法

一、公众形象的塑造

播音主持人形象是受众通过媒体平台、媒体节目内容,以及播音主持人在节目主持和现实生活的语言与行为,对播音主持人形象、风格、内涵、专业水平、文化水平等综合要素所形成的一种总体认知和评价,主要包括播音主持人的外在形象与内在形象两个层面。外在形象主要指播音主持人的外貌、语言、表情、手势、服饰及体态;内在形象主要指播音主持人的个性和气质,以及后天文化教育和生活方式养成的风度和修养等。基于此,播音主持人形象建构的基本框架主要涉及以下几方面。

(一)外在形象的塑造

无论是传统媒体主持人,还是新媒体主持人,出现在节目之中,给受众的第一印象是其个人外貌、化妆、服装、配饰等。这些外在视觉形象一方面可能使受众产生美或丑、喜欢或排斥的感受,直接决定着受众对主持人的评价和认可度;

第八章 播音主持人的形象塑造

另一方面也在一定程度上反映了节目的内容、形式与风格,进而影响到受众继续观看节目的兴趣和意愿。基于此,播音主持人所表现出的外在视觉形象成为其媒介形象最基础、最直观的一个建构层面,潜移默化地影响到受众对播音主持人形象的认知与评价。

整体而言,新媒体环境下播音主持人外在视觉形象主要表现在"节目中"和"节目外"两个方面。首先,新媒体环境下的播音主持人在特定节目中会传达出理想化的外在视觉形象,也即根据特定节目的内容、风格、效果以及目标受众群的兴趣、爱好、审美倾向,来有目的、有针对性地策划、设计和包装主持人,最终呈现出一个符合节目风格、契合受众认知水平与评价标准的外在视觉形象。这是当前研究新媒体环境下播音主持人"外在视觉形象"所普遍关注的一项内容。

(二)生活形象的塑造

播音主持人作为"中介人",集个人角色、媒介角色、社会角色等多个角色于一身,不仅是党、国家、政府与人民之间的桥梁和纽带,还承载着宣传、沟通、教育等重要社会责任。因此,他们的形象不仅代表着个人,同时还代表着党、国家、政府和宣传机构等,是一种特殊的社会公众形象。

播音主持人需树立良好的社会公众形象。为了树立良好的社会公众形象,受特定的"公职身份"的制约,首先,播音主持人必须把张扬、华丽的个人形象置于公众形象之后。如谈话节目中,播音主持人作为整个节目的掌控者,适当的透露一些个人资料,不仅可拉近与受众之间的距离,还可活跃现场气氛。其次,播音主持人个人形象须符合社会公共价值标准。日常生活中,主持人是普通人,但媒介力量使其成为社会公众人物。作为党和政府的"喉舌",播音主持人应时刻注意自己的社会公众形象,恪守人性与良知、为民奉献与媒介责任的职业原则,不断完善自我、发展自我。

虽然播音主持人的工作情况和生活情况应该予以区分,但是作为公众人物所带来的影响是方方面面的。在日常的生活当中,播音主持人也应该注意自身的形象是否得体。在主持人的日常生活当中,因为语言不善而导致自己的主持人生涯中断可以说是一件遗憾,但也可以理解为在日常生活当中并没有注意保持自己的自身生活形象,给其他人带来可乘之机,从而影响到自身的一生发展。从播音主持人的个人角度来说,要注重自己的日常生活当中的形象。除了衣着得体、言行举止得体之外,还应该注意自己的朋友圈、交际圈,洁身自好。

二、职业形象的塑造

（一）声音的塑造

一是气息稳定。播音主持人需要的是胸腹式联合呼吸法，而这个呼吸法是为了保证自己在说话的过程中具有稳定的气息，能够给自己的声音提供一个有力的支撑。因为每个人呼出的气流量是不同的，需要根据自己播出声音的需求来不断地调整。这也是许多播音主持人能够抑扬顿挫地完成朗诵、主持等不同类型的任务的原因，所呼出的气息的量、速度等会分别影响到发声的长短、高低、强弱等等变化，会让原本的音色发生变化，产生不同的情感色彩。在职业训练中，播音主持人要训练呼吸控制和呼吸肌，包括腹肌、膈膜等来调整自己的气息。通过不断练习，可以使播音主持人的呼吸更加稳定，为自己的声音提供保障，让播音主持人可以完成各种各样的声音演出任务。

二是喉部控制。喉部的控制主要是体现在对声带的控制。作为播音主持人，想具有良好的音色，就需要自己对喉部有着十分完美的控制力。人体对喉部具有支配的能力，同时也需要一定的支配技巧，在声带进行发声的过程当中，需要借助气息的力量来完成对声音的振动，同时带动声带的振动，同时也要气息的保护来维持嗓部的湿润，可以让播音主持人长时间的说话，而不至于声音变得嘶哑，这是发声的技巧，可以延长发声器官的艺术寿命。许多播音主持人在练习的过程中，为了保证自己发出低沉的声音，会对自己的喉部施加许多压力。长此以往，就会导致喉部发生病变，肌肉长时间绷紧，就会导致其失去完美的控制力。当下，网络节目主持人对喉部控制的要求并不高，但是喉部控制是发出良好声音的基础要求。并且随着时代的发展，观众的审美水平会逐渐提高，要求会越来越严格和挑剔，所以将来喉部控制也会成为网络节目主持人的重要参考标准之一，因此，对专业的播音主持人来说，喉部的控制是十分值得注意的问题。

三是对共鸣的控制。通常来讲，共鸣主要有三种方式，即腹腔共鸣、胸腔共鸣和头腔共鸣。在声乐艺术界，这三种共鸣都有长时间的发展。比如，发声最良好的民族声乐和美声声乐而言，胸腹式联合呼吸法是最合适的，也因此让胸腔共鸣和腹腔共鸣结合在一起，并通过头部共鸣来让声音达到最完美的效果，播音主持人虽然不需要这么严格的共鸣方式来完成说话的要求。但是共鸣可以让播音主持人的语言表达变得更加深邃，具有美感。播音主持人可通过提高对共鸣的控制能力来提升发声声音的本身的质感。播音主持人在练习对共鸣的控制时，牙关要打开共鸣腔体，要保持振动，气息要充足，提高声音的转化力和传播力，具有穿透效果，让共鸣的效果最大化。

四是吐字清晰。吐字清晰对于播音主持人而言是最基本的要求之一。在主持节目的过程中，虽然时常会出现发音模糊等情况，但为了节目的要求，可以使用部分方言，或者是故意为之，让自己的语言吐字模糊不清。对于播音主持人本身而言，吐字清楚是基本要求，不可让观众听不清楚自己在说什么，这对于信息传播是最重要的根本条件。

五是要保证情感分明。在传播信息的过程当中，情感的准确性，也是衡量语言的准确性标准之一。情感分明是播音主持人在说话或朗诵的过程当中，让自己的情感保持一定的逻辑连贯性，并不能上一秒还是笑着下一秒便出现了悲伤的情感，这在主持的过程中是坚决不允许的；要知道，人的情感具有特别鲜明的特征。不论是欢喜还是悲伤，难过还是痛苦，情感都有一定的逻辑惯性在其中，假如说上一秒还在搞笑，而下一秒却刻意说出一句悲伤的话，或者用悲伤的语句来陈述一句话，必然会让观众在感官上极度不舒适，该主持是不完美的，是不合格的。

（二）仪态形象的呈现

在信息传播的活动中，电视节目综合作用于受众的视觉接受和听觉接受，对于播音主持人在荧屏中建构的形象来分析，需要在本身有声语言表达的听觉传达的基础上，结合电视信息传播的视觉传达的特点，注重节目中自身服装形象，仪态仪表，肢体语言等副语言的综合呈现，与有声语言形象一起成为所建构的节目语言形象。在电视节目中，播音主持人的服装会根据节目内容设定和节目现场环境的设置而做针对性选择，播音主持人服装的选择是其语言风格和语言属性的视觉呈现，更是其对节目所传播内容态度的视觉呈现。将节目的播出目的、内容特点与电视节目的环境融合，有助于播音主持人在节目中通过语言形象的建构把受众带入既定情景中去。

例如，在春节联欢晚会中，主持人的服装会根据时代和政治环境而做特定选择，在受众观看春晚的过程中，通过主持人形象接受信息的活动始终保持运动的状态，而作为副语言符号的服装语言的有效传播，能够引起受众的回忆联想和情感呼应，传播媒介通过主持人服装语言形象的成功建构，引起受众内心情感的波动，产生情感认识的共鸣行为，成为电视节目主持人建构自身语言形象的重要环节。

因此，播音主持人在电视节目建构自身语言形象时要时刻注意服装语言的呈现，要做好对节目服装的设计和选择。首先要结合节目播出的文化背景，受众接触的不同文化背景影响自身其价值观和审美偏向的形成，这种主观意识的导向问题会从根本上成为主持人语言形象成功建构的取决因素。

其次是社会背景，作为电视节目信息传播活动的主导者，播音主持人面对的社会最基层的群众，因此能获得群众认可和符合群众偏好的服装，有助于受众接受和追随播音主持人建构的形象，节目中播音主持人的服装代表着自身政治文化素养和审美能力的综合呈现，是自身语言形象建构的外部决定条件。在融媒体环境下，信息传播活动的过程逐渐变得透明，受众对于播音主持人在节目中的完整呈现有着更严格的要求。对于播音主持人来说，在电视节目中建构优秀的语言形象不仅要以政治文化素养为基础，结合有声语言表达技巧进行创作，还要注重自身在节目中的视觉呈现，因此面部表情管理和肢体语言等副语言表达，同样成为融媒体环境下播音主持人语言形象建构的关键环节。在融媒体环境下，媒介需要通过播音主持人语言向受众传递的信息含量逐渐增多，面对高强度，高难度的语言传播活动，播音主持人要始终保持在受众面前呈现优秀的形象，要避免出现与传播内容无关的表情管理、因客观原因引起的身体表象、透露内心情绪的肢体语言的现象。例如，2020年11月3日，央视主持人康辉在《新闻联播》中进行了一段将近6000字、时长为22分钟38秒的口播。期间主持人康辉始终保持在节目中呈现严肃庄重的语言形象，在出现耳返掉落、口误和嘴角泛白沫的意外情况时，康辉避免出现过多与节目内容无关的副语言，保持了播音主持人语言形象的专业性，准确清晰地将节目内容通过自身语言传递给受众。这是播音主持人专业能力、政治觉悟和应变能力的综合呈现，因节目浓厚的政治性特点，播音主持人要注重在节目中自身仪态形象的呈现，作为党和政府的"喉舌"，播音主持人以发言人的身份出现在电视节目中进行着信息传播活动，因此与节目内容无关的肢体语言和表情都会成为影响播音主持人语言形象建构的因素。

（三）坚持自身的坚定立场

播音主持人由于其工作的特殊，会凭借互联网络平台成为媒体公众人物，始终处在最前沿地位，在其中发挥承上启下连接性作用。他们的形象是节目对外的代表，也是其综合实力的见证。作为网络公众人物，播音主持人不仅代表自己还代表着媒体平台，故而播音主持人需要有社会责任担当，认识到自己的一言一行都会成为影响节目口碑和风评的因素，无论是在节目中还是在生活中，都对社会产生很大的影响，对广大群众起到示范作用。因此，播音主持人要高度重视自己

第八章 播音主持人的形象塑造

的公众形象，对其要有理性、客观的认识与评判，要从身边的小事做起，维护好自身的公众形象，充分彰显公众形象的公信力和亲和力。网络平台所赋予的公众形象具有一定的知名度，直接关系到节目中播音主持人的经济效益。不难发现，部分播音主持人的社会知名度伴随着网络节目的火爆，其社会知名度不断提升，这也是我们在网络上看到一些由主持人代言产品的广告的原因，有的播音主持人还会参与一些公益活动。然而，在这物欲横流的经济背景下，东道主与公司的利益关系自然存在，并以东道主的公众形象为基础前提的。播音主持人的良好公共形象是长期以来个人与媒体平台共同塑造的。如果虚假宣传的利益被破坏，最终的公共形象也会被破坏。作为播音主持人，要以社会价值效益为主，不应被利益驱使，维护自己的公共形象，更不应该滥用自己的公共形象。作为一名播音主持人，可以通过网民的认可来发挥自己的公共影响力。因此，播音主持人必须积极维护自己的公众形象，争做珍惜荣誉、心系受众、爱岗敬业、谦虚谨慎的播音主持人。

三、个性形象的塑造

（一）整体的形象与形象的融合

首先，找准播音主持人本体形象和节目主体形象的有效定位。需要在节目策划、创作、创意、推出一档新的节目之前，以便利于播音主持人的整体形象的一次性成功。

主持艺术是一种不允许失败的艺术，尤其是对于新节目来说，一开始不被受众接受，将是两败俱伤：节目没有观众，播音员主持人也无人问津。对于新启用的年轻播音主持人，一旦其在新节目中不被看好，做的节目一塌糊涂，往往其他节目组的制作人也不会敢用，想从头再来将难于上青天。

其次，更换主持人时要进行改版，推出新的节目的主体形象。正是由于播音主持人主持的节目有着相对的长期性、周期性和稳固性，因此节目改版在所难免，与此同时经常性的改版也不合适，故而稳中求变、不断微调，这是一条规律。

最后，要不时地进行自我调节、整合，以期达到整体形象的融合。播音主持人在主持节目中，要不断完善自我，就需要将本体形象和节目主体形象时时地进行调节、进行有机整合，这样才能保证播音主持人的整体形象的持续性成功。

（二）融合的形象与形象的个性

创造融合可展现播音主持人的整体形象，而整体形象的最高级别展现是播音主持人融合的个性播出形象。

其一，得体的形象气质。形象是指人在社会环境中不断形成的自身相貌，也包括其发型造型、服饰佩戴、穿着打扮等；而气质是指人在相对稳定的环境中个性特点的显露以及独特风格气度的体现。

播音主持人的形象气质可以上升为独有的审美价值。这里所指的形象气质不是单指一般意义上的外表形象之美，但其基调必须是看着顺眼、舒服、亲和、面善的。然而，这种"美"是普通大众所乐意接受的，属于这种"美"的播音主持人形象，可根据不同的节目形象的基本调子而呈现出不一样的气质风格。

由于屏幕是横向扫描的，人在屏幕上会变宽、变胖。如果播音主持人在屏幕上不胖不瘦正合适，那生活中的他（或她）一定偏瘦。播音主持人的脸型要有"轮廓感"，也就是说主持人的脸型要"紧"，上镜才会让观众看得舒服，才能产生对观众的吸引力，让观众觉得耐看。

就播音主持人形象的个性化形象气质来说，其自我长相与节目的主体形象相适应固然重要，但主持人的发型、服饰穿戴的模样与节目的主体形象相匹配也十分重要。

戏剧界有这样一句话：演员宁可穿破，不可穿错。服饰不同，给受众的感觉印象也不同。对于不同类型的节目来说，服饰的恰当不可掉以轻心。有时候我们也会发现，播音主持人的个性形象气质具有一定稳定性，服饰可以变换，配饰也可更改，但是作为定型后的发型，不要轻易改变、改换。

其二，贴切的嗓音音色。嗓音指人说话的声音，音色是指人不同的说话声音。每个人说话所发出的声音都是不同的、有区别的，这就是由于音色的不同造成的。在生活中有这样一种有趣的现象：当你面对某一位话剧演员或者歌唱家，听他们讲话的时候，由于其嗓音音色与众不同，就会特别吸引你，你情不自禁地就会把更多的注意力放在其金属般的嗓音上，分散了你对其所讲话的内容的注意力。物理声学中讲到，一个人自己在听自己说话时，声音是从两条线同时进入自己的耳膜：一条是从中腔进入中耳，另外一条是发出口外后的声音，再从外耳进入中耳。因此，从麦克风传出的声音是从外耳进入内耳的，所以出现嗓音音色失真的现象也就不足为奇。

其三，自我的用语习惯。用语习惯是指播音主持人在长期艺术主持实践中自觉或不自觉地养成的思维方式和语言（包括有声语言、副语言）表达方式。有的人善于"调侃"，有的人语言俏皮，有的人逗乐有一套，有的人潇洒思辨、逻辑性强等。言如其人，一人一貌。自我的用语习惯是一种个性的外现，是播音主持

第八章 播音主持人的形象塑造

人在节目之前平时所养成的；自我的用语习惯也是一种修养外显，需要播音主持人在做节目的过程中用心、悉心提炼、总结。

其四，独到的叙议见解。叙事和议论是构成节目内容的两大部分。播音主持人既要出思想，又要给出见解，同时还要让受众所接纳，这是播音主持人需要着重攻克的重头戏。

其五，精辟的短句点评。播音主持人的短句点评是指根据节目当时现场环境、语境中的人们与物、理与事，当时即兴地简明扼要的话把自我想表达的中心思想进行点化评判出来。精辟的短句点评是精炼的、又是精彩绝伦的、多姿多彩的；精辟的短句点评是智慧的表达、个性的彰显。其实精辟的短句点评是播音主持人最见功底的看家本领。

其六，神韵的亲切、亲和的态势。态势就是一种状态和姿势，播音主持人靠表情、神态、手势、姿势来传情达意、传达信息。眼头身手情、坐站走看状，这些都是态势语言的具体体现。神韵使播音主持人的亲和态势更富有魅力。亲和态势不仅包括播音主持人的精神风貌、有机态势语，还包括二者合力之后所渗透出的稳定持久的张力；不仅指播音主持人的修养德行，更指修养与德行共同支撑起来的有气质的精神风貌、有机态势语产生的由内而外的一种吸引力。

（三）个性的形象与形象的经营

不断地创造融合是为了呈现出播音主持人的整体形象，而整体形象的最高表现形式就是不断追求播音主持人的个性化播出形象。在当下网络不断发展繁荣的背景下，媒介人格化、节目的人性化以及受众的细分化都在催生个性化的播音主持人。所谓媒介人格化，是指在人际传播的过程中进行有选择地进行糅合，使其本质上的大众传播与形式上的人际传播得以相互补充。媒介人格化使得媒介幻化成有生命力、亲和力的传播者。我们可以通俗地把传播活动理解为一个心灵影响了另一个心灵的过程，传播者与受众的人格之间的互动影响制约着他们所属的心理活动的价值导向、价值定向以及实际产生的效果。

面对大众，对于节目而言，播音主持人是人格的载体。播音主持人与广大观众之间存在着情感碰撞、心灵共鸣，只有通过这种交流，才能使信息渠道畅通自由，进而达到活动所需要的最高境界。播音主持人的水平对节目的收视率、观众的喜爱程度、评分等都有很大的影响。故而，节目自然急需一批持久性、长远性、整体性、系统性、个性化的播音主持人来维持其生存。

参考文献

[1] 卓燕生.播音与主持艺术［M］.呼和浩特：内蒙古大学出版社，2011.

[2] 龚晔颖.播音主持技能新探［M］.北京：中国广播电视出版社，2011.

[3] 薛飞.中国播音主持艺术［M］.北京：测绘出版社，2013.

[4] 张晓玲.播音与主持语言创作教程［M］.重庆：重庆大学出版社，2013.

[5] 曹晋英.播音主持语言技能训练［M］.北京：北京理工大学出版社，2014.

[6] 贺超.播音主持话语技巧养成路径初探［M］.长春：吉林大学出版社，2018.

[7] 鲁景超.播音主持语言的文化功能［M］.北京：中国传媒大学出版社，2016.

[8] 孙国栋.播音主持实用训练教程［M］.北京：中国传媒大学出版社，2016..

[9] 熊萍.播音与主持新论［M］.长沙：湖南大学出版社，2017.

[10] 胡黎娜.播音主持艺术发声［M］.北京：中国广播电视出版社，2018.

[11] 陈康.新媒体时代新闻播音主持理论与实践［M］.青岛：中国海洋大学出版社，2018.

[12] 穆宏.播音主持学理论［M］.北京：九州出版社，2018.

[13] 赵若竹.技术条件下播音主持形态发展研究［M］.北京：中国传媒大学出版社，2018.

[14] 战迪.播音主持综合训练教程新编［M］.北京：中国传媒大学出版社，2019.

[15] 林小榆.融媒时代的播音主持艺术研究［M］.广州：暨南大学出版社，2019.

[16] 崔文胜，崔宏飞.播音与主持艺术初学入门与提高［M］.石家庄：河北美术出版社，2019.

［17］朱莉.当代播音与主持语言创作创新研究［M］.北京：北京工业大学出版社，2020.

［18］仲梓源.播音主持艺术入门训练手册［M］.北京：中国传媒大学出版社，2020.

［19］顾瑞雪.播音主持语音与发声艺术［M］.北京：中国传媒大学出版社，2021.

［20］许成龙，杨帆.播音主持艺术语音发声基础［M］.北京：中国广播影视出版社，2021.

［21］范一凡.新媒体时代播音主持的创新发展路径［J］.大观（论坛），2021（12）：100-101.

［22］刘永江.新媒体语境下播音主持语言的艺术性研究［J］.采写编，2021（12）：72-73.

［23］陈丽红.新媒体视域下播音主持的语言艺术性的思考［J］.西部广播电视，2021，42（23）：155-157.

［24］焦洋.新媒体时代播音主持的特征及发展途径分析［J］.西部广播电视，2021，42（22）：182-184.

［25］王春雨.媒体时代新闻播音主持的风格创新研究［J］.西部广播电视，2021，42（22）：197-199.

［26］徐康，范康文，贺争怡.浅谈融媒时代播音主持的新定位［J］.中国报业，2021（21）：124-125.

［27］崔朦戈.新媒体时代下播音主持的语言个性化特征分析［J］.新闻传播，2021（21）：108-109.

［28］张丹妮.新媒体语境下播音主持语言的艺术性分析［J］.记者摇篮，2021（10）：153-154.

［29］许静.融媒体转型期播音主持语言艺术研究［J］.传媒论坛，2021，4(18)：79-80.

［30］亓韩罡.播音主持语言交际与情感表达策略研究［J］.新闻传播，2021(16)：146-147.

［31］何源源.浅谈新时代新闻播音主持的语体变化［J］.记者摇篮，2021（03）：151-152.